LES IDÉES DE M. ANDREW CARNEGIE

L'A B C de l'Argent

Par ANDREW CARNEGIE

Traduit de l'anglais par Arthur MAILLET

PARIS

ERNEST FLAMMARION, ÉDITEUR

26, RUE RACINE, 26

ixième Mille.

L'A B C DE L'ARGENT

LES IDÉES DE M. ANDREW CARNEGIE

L'A B C de l'Argent

PAR ANDREW CARNEGIE

Traduit de l'anglais par Arthur MAILLET

PARIS

ERNEST FLAMMARION, ÉDITEUR

26, RUE RACINE, 26

M, CARNEGIE

QUELQUES ₁NOUVEAUX DÉTAILS BIOGRAPHIQUES

L'Empire des affaires a eu un succès prodigieux. En moins de trois mois, dix mille
exemplaires ont été vendus. Et la vente continue ! Pour trouver un succès analogue, il faut
pénétrer dans le domaine de la pornographie.
Que les dieux soient loués ! C'est peut-être
le signe que le goût des français, — et
aussi hélas ! des françaises —, revient à des
choses plus saines. C'est en tout cas, le
signe bien certain que l'inquiétude est entrée
dans leur esprit et qu'ils ont compris que le
temps était venu de s'occuper de questions
plus sérieuses que des « histoires de femmes »
contées avec plus ou moins de talent.

Ce succès nous a engagé à publier le présent volume, *L'A B C de l'argent*, qui est la suite des *Idées de M. Carnegie*, et qui ne sera pas accueilli avec moins de faveur que le précédent. *L'Empire des affaires*, sous sa forme américaine, était un très gros volume, dépassant de beaucoup les dimensions de nos modestes in-octavo. A mon grand regret, j'avais du laisser de côté plusieurs chapitres. Ils ont pris place dans ce volume.

L'A B C de l'argent, en outre de ces chapitres empruntés à l'*Empire des affaires*, contient des discours et des articles que M. Carnegie prononça ou écrivit, à diverses époques de sa vie.

L'un de ces articles : *L'Evangile de la Richesse*, qui se trouve en tête de ce volume le révéla comme philanthrope. C'est là que, pour la première fois, il exposa ses idées sur le devoir du millionnaire, à l'égard de ses semblables.

Il attira l'attention de M. Gladstone qui analysa et recommanda dans un long article, publié par la « Nineteenth Century », cet évangile selon M. Carnegie. J'ai reproduit dans ce volume des extraits de cet article.

Je souhaite vivement que nos riches veuillent bien prendre la peine de lire ces pages éloquentes et se laissent toucher par la grâce. Sans doute, ils ne possèdent pas les immenses fortunes d'un Carnegie, d'un Rockefeller ou d'un Pierpont Morgan. Je n'ignore pas non plus que certains d'entre eux n'ont pas attendu les conseils de M. Carnegie pour faire de leur fortune un noble usage. Mais ceux-là mieux que quiconque savent combien il y a de cœurs endurcis parmi les riches, et si la parole de M. Carnegie, — parole à laquelle il sait si bien joindre le geste —, faisait fondre la glace de quelques cœurs, ils seraient les premiers à s'en réjouir.

En tête de l'*Empire des Affaires*, j'ai publié une biographie très sommaire de M. Carnegie. C'était à cette époque tout ce que je savais de lui. Depuis je me suis livré à des recherches. Elles m'ont vivement intéressé. Je crois que le résultat de ces recherches résumé dans les pages qui suivent, n'intéressera pas moins le lecteur.

*
* *

M. Carnegie n'est pas seulement un milliardaire philanthrope. Il est aussi un écrivain de très réelle valeur.

1.

Voici sur ce point l'opinion de M. Stead :

« M. Carnegie a des dons que beaucoup d'hommes ayant des prétentions littéraires pourraient lui envier. Il est simple, naturel et clair. Quelques-uns de ses articles sont des modèles d'exposition et d'argumentation serrée. Il a parcouru le monde entier, et partout il a soigneusement observé les hommes et les choses. Il est doué d'une excellente mémoire et d'une association d'idées très prompte. Aussi ses essais abondent-ils en exemples heureux et en citations. Le grand charme de son style, c'est le naturel. Il sait intéresser les lecteurs même avec des statistiques ».

M. E. Ledrain a consacré à l'*Empire des Affaires* un long et consciencieux article, dans l'*Illustration*. Il a fort bien vu en M. Carnegie le poète et l'écrivain, et il les a ainsi définis :

« ... Cet homme d'affaires, dit-il, est en même temps un grand moraliste. N'est-ce pas aussi un poète ? N'a-t-il pas apporté dans sa royauté de l'acier, et dans toutes ses entreprises, cette dose d'imagination sans laquelle rien de grand n'est possible ? En Pasteur, son beau-père, M. Valery Radot, nous a montré un poète qui concevait rapidement, qui, comme sur des ailes, était porté tout à coup jusqu'au sommet. Le savant positif redescendait ensuite, remontait pédestrement, pas à pas, la montagne qu'il avait franchie d'un seul coup, vérifiant exactement chaque chose. Ainsi semble procéder M. Carnegie. Il y a comme un Pégase qui le prend et l'enlève et puis, son esprit clair, positif, s'assure de tous les points, les examine minutieusement. On ne fait rien de grand qu'à cette double condition. Point de génie créateur, sans poésie sublime à la racine.

« On éprouvera à la lecture de ces oraisons de M. Carnegie, un plaisir infini. Il n'y a pas de lettrés plus savoureux que les hommes étrangers aux lettres, mais qui marquent par leur esprit transcendant dans un autre spécialisation. Ils savent trouver les formules originales, les mots énergiques et neufs. Personne n'est capable, parmi les professionnels de la littérature, de donner une émotion littéraire aussi profonde que M. Carnegie ».

*
* *

M. Carnegie a trois ardentes passions : sa mère, l'Ecosse, son pays natal, et l'Amérique, son pays d'adoption. Sur ces trois sujets, il est intarissable. Ils reviennent continuellement sur ses lèvres ou sous sa plume. Pour en parler, il trouve des accents d'une grande éloquence.

En tête d'un de ses livres, il a écrit ces mots :

I dedicate these pages

to

my Favourite Heroïne

MY MOTHER

Je doute qu'un fils, fut-il un très grand poète, ait jamais trouvé pour exprimer l'amour et l'admiration que lui inspirait sa mère, des mots plus expressifs que ces trois mots : *My Favourite Heroïne.* Ils valent le plus long poème.

M. Carnegie ne se maria qu'à l'approche de la soixantaine. Tant que sa mère vécut, il ne voulut pas, — malgré ses instances —, donner à une autre femme, la plus petite part de son affection, comme s'il eut craint qu'il n'en restât plus assez pour l'admirable femme qu'il appelait aussi son *Ange gardien* et sa *Sainte.*

Son amour pour l'Ecosse éclate, à travers tous ses écrits en phrases passionnées. Il s'écrie :

« Existe-t-il des peuples qui aiment leur pays aussi passionnément que les Ecossais aiment le leur ? J'entends le sol même, les atomes dont ses montagnes et ses vallons sont faits. J'en doute... L'Ecosse occupe toujours la première place dans le cœur des Ecossais. Certains d'entre eux, j'en ai la conviction, lorsqu'ils entreront au Paradis, le critiqueront, s'il ne le trouvent pas semblable à l'Ecosse ».

Et encore ces lignes, écrites à l'occasion d'un de ses voyages en Ecosse :

« Oh ! Ecosse, mon pays natal, ton fils exilé te revient, avec des sentiments d'amour tels qu'aucun homme n'en éprouva jamais pour sa propre patrie. Je remercie Dieu de m'avoir fait naître écossais, car je ne vois pas comment j'aurais pu m'accommoder de tout autre pays ».

Il vient d'arriver, en compagnie de sa mère, à Dumferline, sa ville natale, après une absence de nombreuses années. La cloche de l'abbaye se met à sonner. Et aussitôt tous les souvenirs de sa jeunesse de se presser en foule dans son cœur attendri :

« J'étais debout, dit-il, sur le siège, à l'avant de la voiture, quand les premiers sons de la cloche de l'abbaye frappèrent mon oreille. Mes

genoux fléchirent sous moi, et des larmes montè-
rent à mes yeux. Je crus que j'allais m'évanouir.

« ... Jamais sur cette terre mon oreille ne sera
frappée, ni mon âme remuée par un son capable de me dominer et de m'émouvoir de façon
aussi puissante, aussi douce et aussi attendris-
sante que le son de la cloche de mon pays.

« C'est elle qui, chaque soir, m'annonçait que
le moment était venu d'aller dormir, dans mon
petit lit, le sommeil de l'innocence. Mon père et
ma mère, tantôt l'un et tantôt l'autre, m'avaient
enseigné, quand ils se penchaient avec amour,
au-dessus de ma tête, ce que cette cloche disait.
Combien de bonnes paroles m'ont été ainsi tra-
duites par eux ! Jamais je ne commis de fautes,
durant le jour, sans que cette voix ne me les
reprochât doucement avant que je m'endorme.
Elle me disait très clairement que notre père
à tous, du haut du ciel, avait tout vu, qu'il
n'était pas irrité, mais si attristé ! Aujourd'hui
encore, je ne suis pas sourd aux accents de cette
cloche. Elle parle à mon âme. En ce moment,
elle sonnait pour fêter le retour de la mère
et du fils exilés qui venaient se replacer sous
sa protection.

« Le monde ne saurait inventer et encore

moins accorder une récompense semblable à celle que nous donna la cloche de l'abbaye quand elle sonnait en notre honneur.

« Mais mon frère Tom n'était pas là ! Cette pensée attristait nos cœurs. Quand nous partîmes pour les pays plus neufs que le nôtre, lui aussi commençait à comprendre les accents de cette cloche merveilleuse.

« Rousseau souhaitait de sortir de ce monde aux accents de la musique. S'il m'était donné de faire un choix, en pareille matière, je demanderais que la cloche de l'abbaye m'accompagnât jusqu'aux portes de l'éternité, en me parlant de ma vie écoulée, et en m'invitant à dormir paisiblement mon dernier sommeil ».

Un des premiers livres de M. Carnegie fut écrit en l'honneur de l'Amérique. (1)

« Ce livre, dit M. Stead, nous rappelle les exclamations de surprise, d'émerveillement et de plaisirs qui s'échappent des lèvres d'un enfant intelligent qu'on promène à travers les salles d'un palais ou d'un musée. A mesure que les merveilles passent sous ses yeux, il crie son

______

(1) *Triumphant Democracy.* La traduction de ce livre est en préparation.

admiration... A la fin, on se sent fatigué par cette admiration continuellement répétée des merveilles du Nouveau Monde. Nous ne pouvons contester la vérité de ses assertions, mais nous sommes un peu dans l'état d'esprit des Athéniens quand ils bannirent Aristide ».

Ce livre portait la dédicace suivante : *A la République bien aimée, sous les lois de laquelle je suis l'égal de tout autre homme, tandis que l'égalité politique m'est refusée par mon pays natal, je dédie ce livre, avec une intensité de reconnaissance, et une admiration que ses citoyens de naissance, ne peuvent ni ressentir, ni comprendre.*

Après une telle déclaration, on devine que M. Carnegie n'est pas un ami de la royauté. A diverses reprises, il s'est exprimé là dessus, en termes d'une violence extrême, dont voici un échantillon :

« Des hommes peuvent éprouver à embrasser la main de la reine le sentiment de fierté qu'ils éprouveraient à embrasser la main de toute autre femme de bien. Mais quand le prince de Galles tendra sa main, et que MM. Chamberlain, Morley, Collinge, Broadhurst, Treveylan, Fowler et d'autres seront obligés d'embrasser *cela !* Est-ce que même des radicaux ne considéreront pas cet acte comme une dégradation, comme une tache sur leur honneur d'homme? En tout cas, l'homme qui éprouvera les sentiments qu'il doit éprouver, quand la main sera tendue vers lui, ou bien sourira à l'idée qu'on le croit capable de s'abaisser ainsi, et la secouera gaiement, ou bien il abattra sa Majesté à ses pieds ».

Cette phrase de *Triumphant Democracy* amena l'intervention du grand jury qui siègeait à Wolverhampton. Il jugea que ce livre ne pouvait figurer dans la bibliothèque gratuite de la ville. Il engagea le bibliothécaire à le faire disparaître, et, en même temps, à poursuivre l'éditeur. Celui-ci répondit qu'il n'avait pas l'autorité nécessaire.

Ce livre contenait les principales idées de M. Carnegie sur l'Amérique. Il n'a rien perdu de son intérêt, bien qu'il compte plusieurs années d'existence. Depuis qu'il a paru, l'Amérique a subi de grandes transformations matérielles et morales. Notamment, elle n'est plus la grande nation pacifique que M. Carnegie croyait incapable de prendre les armes contre les autres. Elle a déjà

sur la conscience, — en admettant qu'elle ait
une conscience —, la guerre des Philippines.
Mais les idées générales du livre restent bonnes
à connaître et à méditer.

J'ai dit : dans le précédent volume que
M. Carnegie avait songé un instant à jouer un
rôle politique en Angleterre et à créer des journaux à un sou. Il abandonna ce projet uniquoe-
ment parce que M. Morley refusa d'en prendre
la direction et qu'il ne jugea aucun autre homme
digne de cette tâche.

M. Carnegie est partisan du Home Rule,
mais non à la façon de M. Gladstone. Tout
comme Cecil Rhodes, il pense que le seul
remède possible serait d'appliquer à l'Irlande
les principes de la constitution américaine et de
la traiter comme si elle était un État de l'Union
Fédérale. Il essaya, par une lettre rendue publique, de gagner le *Times* à cette façon de voir.
Ce fut en vain. Depuis il a cessé de s'intéresser
à la question, au moins publiquement.

Sur le régime foncier, il a des idées très
arrêtées. Il est l'adversaire résolu du système
anglais. Son idéal est une ferme de 200 acres (1),

____

(1) L'acre vaut 40 ares 4671.

pour le plus grand nombre possible de familles
de fermiers. Il ne pense pas que ces familles
puissent vivre à l'aise sur une étendue moindre.
Je lui laisse encore la parole :

« Les forces actuellement en jeu dans le
monde tendent à développer l'Individualisme.
Nous ne connaissons rien qui puisse remplacer la magie de la propriété. Donnez à
un homme un petit bout de terre, et il en fera
un jardin. Donnez-lui un enfant, et il consacrera
à l'éducation de cet enfant le meilleur de son
cœur et de son argent. Par tous les moyens
possibles, on doit amener les hommes à
économiser et à devenir propriétaires de leur
maison. Je ne crois pas qu'un homme puisse
atteindre le développement complet de sa virilité
s'il ne possède sa maison et sa ferme. Les grands
propriétaires qui louent des terres à des fermiers tiennent ces fermiers dans une situation
analogue à celle des serfs. Ce qui fait de
l'Amérique un pays si conservateur, — il est le
plus conservateur du monde —, c'est que cinq
ou six millions de ses citoyens sont propriétaires de leurs terres et de leur maison. Vous
ne pouvez prêcher le socialisme à ces gens-là.
Le nombre des fermes en Amérique dépasse

cinq millions. D'ordinaire, en Amérique, tout cultivateur, — et tout allemand — possède sa maison. »

*
* *

M. Carnegie et M. Cecil Rhodes ont, sur les devoirs les gens riches, à l'égard de leurs semblables, au moins une idée commune. Tous deux pensent qu'ils doivent employer leur argent a des œuvres d'intérêt général. On sait comment M. Rhodes disposa de toute sa fortune, à sa mort, en faveur de diverses institutions. Mais ce faisant, il pêchait contre l'Evangile de la Richesse tel que le prêche M. Carnegie. Selon cet Evangile, le millionnaire doit disposer de sa fortune avant sa mort, afin d'éviter les risques que courent les testaments les mieux faits, et aussi afin de surveiller la façon dont l'argent est employé.

D'autres différences séparent M. Carnegie et M. Rhodes, et il n'est pas sans intérêt de tracer un bref parallèle, entre les principales idées de ces deux hommes. J'aurai encore recours pour cela, à M. W. Stead qui consacra à M. Cecil Rhodes, ces années dernières, une étude aussi complète qu'à M. Carnegie.

« M. Cecil Rhodes n'est pas l'homme des mots, mais des faits. Il a la réputation d'être riche, et il est très vrai qu'il manie des millions. Mais j'ai rarement connu un homme riche, qui ait moins d'argent disponible. Si aujourd'hui quelqu'un donnait un million de livres sterling à M. Cecil Rhodes, demain il ne lui resterait pas un penny. Dès qu'il a de l'argent, il le met au service de son idée d'Impérialisme. Sans doute, un socialiste critiquerait un tel emploi de cet argent. Mais M. Cecil Rhodes et un socialiste sont d'accord sur ce point, que l'argent doit être consacré à des œuvres d'intérêt général et non à des usages personnels.

« ...M. Rhodes ne se pose pas en socialiste, mais il admet que ses idées sont essentiellement socialistes. Il dénonçait devant moi la conduite d'un de ses amis riches qui ne consacra que la moitié de ses millions à des œuvres d'intérêt général et qui partagea l'autre moitié entre ses enfants. « Aucun homme, dit-il, ne devrait laisser d'argent à ses enfants. L'argent est un malheur pour eux. Le meilleur service que nous puissions rendre à nos enfants, c'est de leur donner la meilleure éducation possible, et ensuite de les lâcher dans le monde sans un sou en poche.

Qu'arrive-t-il quand vous laissez de l'argent à vos enfants ? Plus rien ne les pousse à l'effort. Ils dépensent leur argent à boire, à entretenir des femmes et à jouer. Ils déshonorent leur nom ».

M. Cecil Rhodes comprenait son rôle ici-bas, de la façon suivante ;

« Il se mit à rechercher, dit M. Stead, quels étaient les spécimens de la race humaine les plus accomplis, et il se demanda qu'elle était la race qui avait le mieux établi son état social, sur ces trois pierres angulaires : Justice, Liberté et Paix. Il arriva bien vite à la conclusion que la race qui, à l'heure actuelle fait, et qui vraisemblablement, dans l'avenir, continuera à faire le plus d'efforts pratiques et utiles, en vue d'établir le règne de la Justice, de la Liberté et la Paix, sur la plus grande étendue possible de la planète, c'est la race de langue anglaise, comprenant l'Angleterre, l'Amérique, l'Australie, et... le sud de l'Afrique.

« S'il y a un Dieu, pensa-t-il, et s'il s'inquiète de ce que je fais, il est clair qu'il désire que je fasse ce qu'il fait lui-même. Et comme manifestement il a choisi la race anglaise, comme l'instrument au moyen duquel il veut amener sur cette terre, un état social basé sur la Justice, la Paix et la Liberté, il doit évidemment souhaiter que je fasse de mon mieux, pour fournir à cette race, tout le pouvoir et toute la sphère d'action possible. Si donc il y a un Dieu, je crois que son désir est que je travaille à teindre en rouge la plus grande surface possible de la carte du sud de l'Afrique, et de faire ailleurs, ce que je pourrai pour amener l'unité et étendre l'influence de la race anglaise. ».

M. Carnegie croit comme M. Rhodes, que la race de langue anglaise a pour mission de travailler au progrès de l'humanité. Mais Cecil Rhodes veut atteindre ce résultat, au moyen de l'Impérialisme, ce qui justifie la guerre du Transvaal. M. Carnegie, au contraire, est grand ennemi de l'Impérialisme et de toute idée d'expansion. Une race soumise à une autre race, lui semble une monstruosité. Il n'admet pas la théorie des races inférieures. Tous les hommes sont nés libres et égaux, sans distinction de race ou de couleur.

Il fait siennes les paroles fameuses d'Abraham Lincoln : « Aucun homme n'a le droit de gouverner un autre homme, sans son consentement. Je crois que c'est là le principe dirigeant, l'ancre de salut de l'américanisme. Quand l'homme blanc se gouverne lui-même, il fait du *self-government ;* quand en plus, il en gouverne un autre, il ne fait plus du *self-government,* mais du despotisme. »

Ceux qui refusent la liberté aux autres, ne la méritent pas pour eux-mêmes. M. Rhodes acceptait cette doctrine sans réserve quand elle s'appliquait à la race blanche ; mais il soutenait qu'il est impossible de gouverner les races de couleur avec ces mêmes principes de liberté. Le Hottentot, le Chinois n'entendent rien aux principes de la démocratie. Il faut, ou bien ne pas s'occuper d'eux, ou bien les gouverner despotiquement. M. Rhodes accepte le dernier terme de l'alternative, et M. Carnegie le premier. M. Carnegie voudrait qu'on laissât les races de couleur absolument tranquilles et libres de vivre comme elles l'entendent. Il considère l'Inde comme une pierre au cou de l'Angleterre, et la guerre des Philipines comme une monstrueuse injure faite à l'idéal américain de gouvernement.

« L'impérialisme, dit M. Carnegie, n'est un devoir sacré que dans le cas où, sans une intervention violente, on peut rendre des services à une race inférieure. Dans tout autre cas, cette intervention est « une criminelle agression ». Cette dernière a-t-elle des effets bons ou mauvais? De cela, il est facile de se rendre compte, car les puissances européennes ont de nombreuses dépendances sur la surface de la terre. L'influence de la race supérieure sur la race inférieure a-t-elle profité à l'une cu à l'autre de ces races soumises? J'ai visité beaucoup d'entre elles, et nulle part je n'ai constaté qu'il en fut ainsi.

« Tout tend à prouver que l'influence d'une race supérieure sur une race inférieure habitant les tropiques a été démoralisante. La race conquérante ne peut se développer sous ce climat, et, là où une race ne peut se développer, elle ne peut rien pour la civilisation des autres. Elle ne saurait que retarder leur développement, et non pas le hâter. L'Inde a été soumise à la domination anglaise, pendant près de deux cents ans, et aujourd'hui encore pas une seule pièce d'artillerie n'est confiée aux troupes indigènes. Les Indiens doivent être contenus avec autant de rigueur qu'au début. Il en est de même dans toutes les possessions où le plus fort s'arroge le droit de gouverner le plus faible, sans être capable de s'installer à ses côtés et de se fondre avec lui. Nous mettons au défi les Impérialistes de nous montrer dans toutes les possessions britanniques un seul exemple contraire ».

*
* *

« *L'Empire des affaires* » traduit en Allemagne, à peu près en même temps qu'en France, y a excité une vive curiosité, mais, en même temps de l'irritation. M. Carnegie, à diverses reprises, parle en termes très flatteurs des Allemands, mais il les place après les Américains, en tant qu'industriels, et leur amour-propre refuse de se contenter d'une seconde place, même aussi estimable. Cela amena plusieurs journaux à prétendre que M. Carnegie disait d'excellentes choses, notamment sur les rapports entre les patrons et les ouvriers, mais qu'il se gardait bien de les appliquer. Ils rappelèrent la fameuse grève des usines de Homestead qui eut lieu, il y a une dizaine d'années, et fut d'une violence inouïe. Les troupes de police du colonel Pickerton, appelées pour défendre les usines, furent enfermées et subirent un véritable siège. Le sang coula, les victimes furent nombreuses. Les grévistes essayèrent d'empoisonner les hommes qui travaillaient, en s'introduisant dans les cuisines et mêlant du poison à leur nourriture.

Cette grève fut par la suite l'objet d'une enquête ordonnée par le congrès. Le souvenir en fut maintes fois rappelé par les ennemis de M. Carnegie, qui voulurent faire remonter jusqu'à lui une bonne part de la responsabilité. La vérité est qu'il était en Ecosse à cette époque, et que l'opinion unanime fut qu'il n'y aurait pas eu de grève, s'il eût été présent.

Après cette grève, M. Carnegie établit dans ses usines, la participation aux bénéfices, au moyen d'une échelle mobile. Les hommes l'acceptèrent avec empressement, mais plus tard, à l'instigation de meneurs, ils refusèrent d'exécuter ce contrat et en demandèrent la revision. Pour l'obtenir ils se mirent en grève. Le récit des rapports de M. Carnegie avec ses ouvriers à cette occasion, mérite d'être raconté. M. Carnegie vécut toujours avec ses ouvriers sur le pied d'une cordiale familiarité. Il prétend qu'on peut faire d'eux ce qu'on veut si on les traite avec franchise et droiture.

Quand les délégués se présentèrent, M. Carnegie, les accueillit avec cordialité, se moqua d'eux parce qu'ils laissaient les usines inactives, leur demanda quand ils se remettraient à la besogne, puis changeant subitement de ton : « On vous a dit, mes amis, que je n'entrerais jamais en lutte avec mes ouvriers, que jamais je n'aurais de disputes avec eux. C'est la vérité absolue. Mais quand on est allé plus loin et qu'on a prétendu que je ne lutterais jamais contre vous, en dépit de tout ce que vous pourriez faire, on a oublié que j'étais un « écossais ». Je ne serai jamais l'ami d'ouvriers américains qui se déshonorent en violant un contrat qu'ils ont accepté de leur plein gré. Vous avez fermé les usines, c'est votre droit. Mais il n'y a qu'une personne au monde qui puisse les rouvrir. Cette personne, c'est le « petit patron » (1). Quand vous désirerez qu'il les ouvre, vous aurez à lui demander son consentement, et il ne vous cédera que quand vous serez prêt à signer un engagement que vous respecterez. Au revoir, Messieurs ».

A la réunion du Syndicat, le soir même,

----

(1) M. Carnegie a été surnommé par ses ouvriers le « the litt t boss »,

quand les délégués rendirent compte de leur entrevue avec lui, le président résuma ainsi ses impressions : « Mes amis, le « petit patron, » pour me parler, s'est installé dans sa chaise, et je crois qu'il y tournera à l'état de squelette plutôt que de se lever, si vous n'acceptez pas ses conditions ».

M. Carnegie partit pour New-York où une délégation des grévistes le rejoignit. Il leur demanda s'ils avaient un pouvoir en règle pour accepter les nouvelles conditions. Sur leur réponse négative, il leur dit : « Au revoir, Messieurs. Je regrette que vous ayez pris la peine de venir à New-York ».

La délégation revint à quelques jours de là. Cette fois, elle avait le pouvoir demandé. M. Carnegie conduisit les délégués au « Central Park », leur offrit à dîner chez Delmonico et présenta à leur signature le nouveau contrat. Ce contrat comprenait le principe de la hausse et de la baisse des salaires, suivant les fluctuations du marché, et, il réglait les conditions, dans lesquelles les livres et les pièces de comptabilités seraient examinées par les représentants du Syndicat.

Les ouvriers demandèrent s'ils pouvaient

signer comme délégués de leurs camarades :
« Certainement, dit M. Carnegie. Vous pouvez
signer comme il vous plaira ». Ils signèrent en
toute hâte. Cela fait, M. Carnegie leur dit :
« Puisque je vous ai fait le plaisir de vous
laisser signer comme vous le vouliez, voulez-
vous à votre tour me faire le plaisir de signer,
sous votre responsabilité personnelle ». Les
délégués étaient acculés et ne purent refuser.
Ainsi se termina la seule collision que M. Carnegie ait jamais eue avec ses ouvriers.

Des détails sur le fonctionnement de la participation aux bénéfices, se trouvent dans un
des chapitres de ce volume.

Au-dessus du château de Skibo flotte un
drapeau, américain d'un côté, anglais de l'autre,
symbole des deux patries de M. Carnegie.
M. Stead a visité plusieurs fois Skibo, et du récit
de ces visites, je tirerai les détails qui achève-
ront de compléter la curieuse figure de ce
milliardaire.

« M. Carnegie, est le plus aimable, le plus gai,
et le meilleur des mortels. Quoique dans sa

soixante sizième année, il a conservé pour tous les amusements simples, sains et naturels, l'ardeur d'un jeune homme de dix-sept ans. L'énorme fortune qu'il a amassée, au cours de sa vie, à raison d'un million par an, n'est pas pour lui un poids trop lourd. « Sa tête couronnée ne repose jamais en paix », sont des mots qui ne s'appliquent pas à ce roi sans couronne du monde moderne. Il est aussi guilleret qu'un moineau, et ne semble pas porter davantage de responsabilités.

« Voilà l'homme tel que je le connais. Il est possible qu'il ait une autre face, mais je ne l'ai pas découverte. En ma présence, il a toujours été amusant et enjoué, se délectant d'une plaisanterie, adorant une bonne histoire, et riant de bon cœur, quand il vous avait donné une poussée espiègle dans les côtes. J'ai conservé le souvenir de notre dernière conversation. Il y avait là deux ou trois personnes, dont un fonctionnaire de la ville assez gêné en la présence d'un puissant millionnaire. Mais le puissant millionnaire n'était pas d'humeur à se laisser flatter, et, tout le temps, il s'amusa à nos dépens. J'eus ma large part de sa verve. Il demanda au citadin, le plus sérieusement du monde, s'il connaissait la différence qu'il y a entre « le pape au Vatican à Londres (mon adresse télégraphique), et le pape qui vivait au Vatican à Rome ». Le citadin répondit qu'il n'en voyait aucune. « Alors, déclara M. Carnegie, je vais vous la dire. Le pape à Rome sait qu'il n'est pas infaillible, et le « pape au Vatican » à Londres, sait qu'il est infaillible ».

« La vie a été bonne pour M. Carnegie, et il lui en est reconnaissant. Sans doute, il ne manquera pas de gens pour dire que si la vie leur avait donné un million de rentes, ils seraient, eux aussi, tout en faisant autant de besogne qu'ils peuvent durant les douze mois de l'année, de bonne humeur et même enclins à l'optimisme. Mais combien d'hommes ayant amassé des millions, n'ont pas la gaieté de M. Carnegie ! Ils ont dépensé leur vie et épuisé les facultés de leur âme dans l'acquisition de leurs richesses. Ce ne fut pas le cas de M. Carnegie. Le travail lui fut un jeu, et en s'amusant, il a fait plus que la plupart d'entre nous ne peuvent faire au prix du travail le plus acharné. M. Carnegie attribue sa fortune tout simplement à son bon sens écossais.

« Nul ne repousse avec plus de force toute
prétention à un talent exceptionnel et à plus
forte raison, au génie. Pourtant M. Carnegie est
un homme de génie à sa façon, et un génie tout à
fait exceptionnel. Son génie ne se manifeste pas
seulement dans l'acquisition de l'argent. Il fait
preuve, dans l'apréciation des événements de ce
monde d'une clairvoyance supérieure à celle de
presque tout autre homme. A coup sûr, je ne
connais aucun homme d'État, dans notre pays
ou à l'étranger, qui ait un coup d'œil aussi
étendu, qui se soit livré à tant de prophéties
et dont les prophéties se soient aussi continuellement réalisées. M. Carnegie peut, lorsqu'il passe en revue les affaires de son pays
et de l'Angleterre, dire à tout propos : « Je vous
l'avais bien dit... » Dans ces conditions, doit-on
s'étonner qu'il soit un petit homme de bonne
humeur, content de lui-même, du monde et de
tout ce qu'il contient ?

« M. Carnegie n'aime pas être battu au golf,
surtout chez lui, et ses courtisans — car il a
ses courtisans, comme tous les autres grands
sur la terre — ont grand soin de ne jamais
jouer mieux que leur hôte. M. Carnegie aime
pasionnément cejeu. Comme mes seuls rapports

avec le jeu de golf ont consisté à servir de caddy à mes amis, je ne suis pas en état d'exprimer une opinion sur les talents de M. Carnegie. Je sais seulement qu'il en tire du plaisir et de la santé, et n'est-ce pas là tout ce qu'un homme sage doit demander à un jeu ?

« Chez lui, M. Carnegie est simple et cordial. Il a une telle horreur du tabac que nul ne fume dans sa maison. Pour s'adonner à ce plaisir, il faut aller dans le parc. Mme Carnegie est une hôtesse charmante. Sa fille qui est l'idole de ses parents, a autant que n'importe quelle enfant sur cette terre, toutes les chances d'être gâtée. Elle est fille unique. Son père et sa mère raffolent d'elle. C'est une, intelligente et jolie petite fille, avec des manières plaisantes et aimables.

« D'après un journal de New-York, elle a fait don d'un lion vivant au Jardin Zoologique de cette ville. L'idée de ce don lui était venue en entendant les histoires d'un chasseur-naturaliste en visite chez son père. Les récits d'éléphants, de tigres et de lions l'avaient tellement fascinée qu'elle demanda à son père de prier cet explorateur de lui acheter un véritable lion et de le placer dans le parc où les enfants pourraient le voir. »

J'ai raconté dans l'*Empire des affaires*, que la famille de M. Carnegie avait quitté l'Ecosse pour l'Amérique dans un état voisin du dénûment. Le fait suivant raconté par M. Stead, montre qu'il n'y avait là aucune exagération.

Madame Carnegie avant de s'embarquer avait dû emprunter à une voisine quelques shillings avec promesse de les rendre, dès que la fortune lui sourirait. Longtemps après, quand elle revint en Ecosse, elle paya ses dettes avec les intérêts, mais celle-là fut oubliée. Nul n'en aurait plus entendu parler, si l'entreprenant administrateur d'une drogue pharmaceutique ne l'avait ramenée au jour, de façon inattendue.

Il avait choisi comme sujet d'une des petites brochures qu'il tire chaque année à des millions d'exemplaires, pour sa publicité : « M. Carnegie et ses millions », et il avait offert un prix à ceux de ses lecteurs qui donneraient un avis dont M. Carnegie ferait son profit.

Parmi les milliers de réponses reçues se trouvait celle-ci : « Le meilleur usage que M. Carnégie peut faire de son argent, c'est de payer les dettes de sa mère ». L'auteur de la lettre ajoutait que les filles de la voisine à qui

Madame Carnegie avait emprunté ces quelques
shillings habitaient l'Ecosse. M. Carnegie eut
connaissance de cette lettre. Après avoir vérifié
l'exactitude du fait, il calcula à combien la
dette s'élèverait si la somme avait été prêtée à
5 0/0, et à intérêts composés. Cela montait à
environ 8 livres sterlings 15 shillings. Il fit
deux chèques de cette somme, et les en-
voya à chacune des filles, auxquelles il paya
ainsi 17 livres 10 shillings pour le remboursement d'une somme de 15 shillings.

M. Carnegie n'appartient à aucune église. Il
est un mélomane passionné. Chaque matin, dans
sa résidence de Skibo, il se fait jouer de l'orgue
et, de ces séances musicales, il dit que « c'est
sa façon de dire la prière en famille ».

Madame Carnegie mène une vie fort retirée.
Un jour que M. Stead lui demandait des détails
sur elle-même, elle lui répondit : « En Amérique, jamais rien n'a été écrit sur moi, et
j'espérais qu'il en serait de même ici. Tout ce
que vous pouvez dire, si vous désirez dire
quelque chose, c'est que je suis l'épouse
inconnue d'un homme très connu ». — « Mais
vous pouvez ajouter, dit M. Carnegie, qui avait
entendu cette remarque, qu'elle n'en est pas

moins le vrai pouvoir de la maison ».

M. Stead dans tous les articles qu'il a consacrés à M. Carnegie insiste sur le bonheur de vivre qu'il semble éprouver : « Je ne connais pas, dit-il, d'homme riche ou pauvre, dont le visage soit aussi continuellement éclairé d'un sourire de contentement. Après tout, que nous construisions un palais de marbre dans un grand domaine, ou que nous fassions des pâtés de boue dans la rue, nous tirons de l'occupation le même plaisir. Qu'importent les matériaux ! Je crois que le plus grand éloge que je puisse faire du tempérament de M. Carnegie, c'est de dire qu'il prend autant de plaisir à la construction d'une cabane pour l'affût, et au nivellement d'une route que des gamins en prennent à barrer les ruisseaux des rues ou à faire rouler des cerceaux ».

M. Carnegie lit beaucoup et il a une extraordinaire mémoire. Ses écrits et sa conversation abondent en citations, surtout de Burns et d'Herbert Spencer. Les murs de Skibo Castle sont couverts d'inscriptions tirées de ses auteurs favoris, parmi lesquels il faut aussi citer Ruskin.

Voici une des inscriptions écrites en lettres

d'or sur les murs d'une chambre à coucher
destinée à ses hotes :

> Dors d'un sommeil agréable
>> Dans cette chambre tranquille
> O toi
>> Qui que tu sois.
> Et ne laisse pas
>> Les soucis d'hier
> Troubler la paix de ton cœur.
> Ni demain
> Chasser ton repos
> Avec des rêves de malheurs prochains.

> Ton créateur
> Est un ami sûr.
> Son amour t'entoure
>> Encore.
> Oublie ton existence
>> Et celle du monde.
> Eteins toutes les lumières brillantes.
> Les étoiles veillent sur toi
> Au-dessus de ta tête.
> Dors donc paisiblement.
>> Bonne nuit !

Ses relations avec ses tenanciers sont des plus
simples : « Au milieu d'eux, il n'est qu'un homme
au milieu d'autres hommes. Pour tout le reste
du monde, il est le propriétaire de la bourse du
moderne Fortunatus ; pour ses tenanciers, il
n'est qu'Andrew Carnegie, continuellement

au milieu d'eux, mettant son nez partout, s'intéressant à tout ce qui se passe autour de lui, et toujours prêt à seconder les nombreuses œuvres de bienfaisance de Madame Carnegie ».

M. Carnegie est peut-être l'homme du monde qui reçoit le plus de lettres; il est aussi celui qui en écrit le moins. Chaque jour, à Skibo Castle, il en arrive des centaines, écrites par des hommes et des femmes de toute classe et toute condition, qui lui proposent toutes sortes de moyens de consacrer son argent au bonheur de l'humanité en général, et à leur bonheur en particulier. Sur ces centaines de lettres, M. Carnegie en lit à peine une dizaine.

Si je relate ce fait, c'est que de nombreuses personnes m'ont écrit pour me demander l'adresse de M. Carnegie. Evidemment, la plupart d'entre elles rentrent dans l'une des deux catégories ci-dessus. Qu'elles ne soient donc pas trop surprises si elles ne recevaient pas de réponse. Et si elles sont tentées d'accuser M. Carnegie d'impolitesse, qu'elles veuillent bien réfléchir qu'à sa place, elles en feraient tout autant. Cette façon de juger les actes de son prochain en se mettant à sa place, par l'imagination, est assurément la meilleure.   A. M.

L'Evangile de la Richesse

L'ÉVANGILE DE LA RICHESSE (1)

I

LE PROBLÈME DE L'EMPLOI DE LA RICHESSE

A notre époque est échu le devoir de disposer de la richesse de façon à unir les riches et les pauvres en une harmonieuse fraternité. Les conditions de la vie humaine ont été non seulement changées, mais révolutionnées, durant les derniers siècles. Jadis, il y avait peu de différence entre l'habitation, le costume et la nourriture du chef et de ses hommes. Les Indiens en sont aujourd'hui au point où

(1) Extrait de la *North American Review*, juin et décembre 1889.

l'homme civilisé en était alors. Lorsque je visi-
tai les Sioux je fus conduit au wigwam du chef.
L'extérieur de ce wigwam était semblable à
l'extérieur des autres, et l'intérieur ne dif-
férait que bien peu de ceux des plus pauvres
guerriers. Le contraste entre le palais du
millionnaire et le cottage du travailleur,
chez nous, donne la mesure des changements apportés par la civilisation. On ne
doit pas déplorer ce changement, mais au
contraire le considérer comme un très grand
avantage. Il est bon, il est même essentiel au développement de la race que les maisons de quelques-uns servent d'asile à tout ce
qu'il y a de plus grand et de meilleur dans la
littérature et les arts, et à tous les raffinements
de la civilisation. Cette grande inégalité est
préférable à l'universelle barbarie. Sans richesses, point de Mécènes.

Le « bon vieux temps » n'était pas un « bon
vieux temps ». Le maître et le serviteur n'étaient
pas aussi heureux que de nos jours. Un retour
à leur ancienne condition, serait un malheur
pour tous deux — surtout pour le serviteur —
et il amènerait la ruine de notre civilisation.
D'ailleurs, bonne ou mauvaise, cette évolu-

tien doit être subie. Il n'est pas en notre pouvoir de la modifier. Acceptons-la donc et tirons-en le meilleur parti. C'est une perte de temps que de critiquer l'inévitable.

Il est facile de voir comment le changement s'est produit. Un exemple tiré de l'industrie servira à ma démonstration. Il s'applique à toutes les branches de l'activité humaine, telles que les inventions de notre époque scientifique les ont créées. Autrefois, les objets étaient fabriqués au foyer domestique, ou dans de petites boutiques qui n'étaient qu'une partie de la maison. Maître et apprentis travaillaient côte à côte. L'apprenti vivait avec le maître et comme lui. Quand il s'élevait au rang de maître, sa manière de vivre ne changeait guère. A son tour, il formait des apprentis et il les élevait comme il avait été élevé. Il existait entre les maîtres et les apprentis une véritable égalité sociale, et même politique, car ceux qui suivaient la carrière industrielle n'avaient pas voix — ou si peu — dans les affaires de l'Etat.

Avec un tel mode de fabrication, on n'obtenait que des articles grossiers coûtant très cher. Aujourd'hui chacun de nous se procure des produits de qualité excellente, à des prix que même la génération antérieure à la nôtre aurait cru impossibles. Dans le commerce, des causes similaires ont produit des effets similaires. Et de tout cela nous avons profité. Le pauvre jouit d'objets que le riche ne pouvait autrefois se procurer. Les objets de luxe sont devenus des nécessités de la vie. L'ouvrier a aujourd'hui plus d'aisance que n'en avait le fermier, il y a quelques générations. Le fermier a plus de luxe que n'en avait le propriétaire ; il est mieux habillé et mieux logé. Le propriétaire a des livres et des tableaux plus rares, et vit dans un milieu plus artistique que le roi de jadis.

Sans doute ce changement salutaire n'est obtenu qu'au prix de grands inconvénients. Dans l'usine et dans la mine, on rassemble des milliers d'ouvriers que le patron ne connaît pas et pour lesquels il n'est guère autre chose qu'un mythe. Nul rapport n'existe entre lui et eux. Des castes rigides se forment, et, inévitablement une ignorance mutuelle engendre une méfiance mutuelle. Chaque caste est sans sympathie pour l'autre, et prête à ajouter foi à toutes les calomnies. La loi inflexible de la concurrence oblige ceux qui emploient des

milliers d'ouvriers à des économies fort stric-
tes, et ces économies sont réalisées, pour une
large part, sur les salaires. Cela engendre de
fréquentes difficultés entre l'employeur et
l'employé, entre le Capital et le Travail, entre
le riche et le pauvre. La société humaine perd
ainsi son homogénéité.

Si les inconvénients de la concurrence —
tout comme ceux qui résultent de notre
amour du luxe et du confort — sont grands,
les avantages de cette concurrence sont plus
grands encore, puisque c'est à eux que nous
devons le prodigieux développement matériel
qui améliore nos conditions d'existence. En
tout cas, que cette loi soit douce ou non, nous
devons dire d'elle ce que nous avons dit des changements survenus dans la condition des hommes : elle existe, et nous ne pouvons lui échapper. On n'a rien trouvé pour la remplacer, et
si elle est parfois cruelle pour les individus,
elle est excellente pour l'ensemble de la
race, puisqu'elle assure le triomphe du plus
capable, dans toutes les branches de l'activité
humaine. Donc, acceptons sans regrets, puisque nous ne pouvons les éviter : une grande
inégalité dans les conditions d'existence, la con-

centration des affaires industrielles et commerciales dans les mains d'un petit nombre d'hommes et la concurrence entre ces hommes. Tout
cela est non seulement utile, mais indispensable
à l'avenir de la race. Il est évident que les
négociants et les fabricants qui dirigent de
grandes affaires trouvent dans cet état de choses, un champ très étendu pour leur activité.
Le talent d'organisation et d'administration est
rare. Nous en avons la preuve dans ce fait
qu'il procure invariablement de grandes richesses à ceux qui le possédent, n'importe où et
dans n'importe quelles conditions. Pour l'homme d'affaires expérimenté, le point le plus
important dans l'appréciation d'un homme,
c'est de savoir s'il a en lui l'étoffe d'un associé. La
question de capital est secondaire. Des hommes
intelligents ont bientôt fait de créer du capital,
et, entre les mains de gens maladroits, le capital s'enfuit à tire d'aile. Ces hommes intelligents deviennent intéressés dans des maisons qui
manient des millions, et en tenant compte seulement de l'intérêt du capital placé, il est inévitable que leurs revenus excèdent leurs
dépenses et qu'ils deviennent riches. Il n'est
pas pour eux de terrain moyen, car la grande

entreprise industrielle ou commerciale qui ne gagne pas au moins l'intérêt de son capital est bientôt en faillite. Elle doit marcher de l'avant ou rester derrière. Elle ne peut réussir qu'à la condition de payer au moins l'intérêt de son capital et même de faire des bénéfices. Les hommes ayant le don des affaires deviennent, sous le libre jeu des lois économiques, les possesseurs de revenus supérieurs à ceux qu'ils peuvent raisonnablement con acrer à leur usage personnel. C'est là une loi aussi absolue, — et non moins avantageuse à l'espèce humaine, — que n'importe laquelle des lois citées plus haut.

Les bases sur lesquelles repose la Société actuelle sont préférables à toutes celles qui ont déjà été essayées. Sur les effets des systèmes qu'on veut mettre à leur place, nous n'avons aucune certitude. Le socialiste ou l'anarchiste qui cherche à renverser les bases existantes doit être considéré comme l'ennemi de la civilisation elle-même, car celle-ci commença le jour où l'ouvrier capable et industrieux dit à son camarade incapable et paresseux : « Si tu ne sèmes pas, tu ne récolteras pas ». Le communisme primitif prit ainsi fin par la séparation des bourdons et des abeilles. Quand on étudie ce sujet, on arrive bientôt à la conclusion que la garantie de la civilisation, c'est l'inviolabilité de la propriété — c'est-à-dire le droit pour l'ouvrier de placer cent dollars à la Caisse d'épargne et le droit, non moins absolu, pour le millionnaire de posséder des millions. Pour que la société humaine progresse ou seulement conserve les progrès acquis, il est indispensable que tout homme « puisse s'asseoir sous sa treille ou son figuier, sans avoir le moindre danger à redouter ». A ceux qui proposent de substituer le communisme à cet intense individualisme, on doit répondre : « La race humaine a essayé ce système. Depuis cette époque barbare jusqu'à la nôtre, tous les progrès sont la conséquence de son abandon ». L'accumulation de la richesse entre les mains de ceux qui ont eu l'habileté et l'énergie de la produire, a été un bien et non un mal. Mais même s'il était admis, pour un instant, que renoncer à l'individualisme serait un avantage et que faire partie d'une Société où les fruits du travail sont communs est un idéal plus noble que de travailler isolément — comme dans le ciel de Svedenborg où, affirme-t-il, les anges trouvent leur bonheur à travailler non chacun pour soi, mais les uns pour les autres — même cela admis, il suffirait de répondre : « Ce n'est pas là une évolution, mais une révolution ». Il ne s'agit de rien moins que de changer l'esprit humain — un travail impossible, même s'il était bon de changer cet esprit, ce que nous ne pouvons savoir.

Ce changement ne saurait être réalisé ni de nos jours, ni durant ce siècle. Fut-il désirable théoriquement, il serait réservé à une autre couche sociologique de formation lente. Notre devoir consiste à nous préoccuper de ce qui peut être fait de notre vivant, ou dans notre génération. C'est un crime que de dépenser son énergie à vouloir déraciner l'arbre universel de l'humanité, alors que tout ce qui nous est permis, dans les circonstances existantes, c'est de l'incliner un peu du côté le plus favorable à la production de bons fruits.

Il serait aussi raisonnable de demander la suppression du type d'homme le plus élevé qui existe, parce qu'il n'est pas conforme à notre idéal, que de vouloir supprimer l'individualisme, la propriété privée et l'accumulation des richesses, qui sont les plus nobles résultats de l'expérience humaine, le sol qui a permis jusqu'ici à la société de produire ses meilleurs fruits.

Ces lois sont parfois inégales et injustes dans leurs effets, elles sont imparfaites aux yeux de l'idéaliste, néanmoins elles constituent, avec le type d'homme le plus élevé, ce que l'humanité a produit jusqu'ici de meilleur et de plus précieux.

Cet état de choses qui est le plus favorable aux intérêts de l'espèce humaine donne inévitablement de grandes richesses à un petit nombre de personnes. Tout bien considéré, on peut affirmer que cela est pour le mieux. Et alors cette question — la seule dont nous ayons à nous occuper, si ce qui précède est exact — se pose : « Quel est le meilleur usage à faire de l'argent, une fois que les lois économiques qui sont la base de la civilisation l'ont placé dans les mains de quelques personnes ? » Je crois pouvoir répondre à cette question de façon satisfaisante. Il est bien entendu que je parle de fortunes considérables, non de sommes modestes, fruit de nombreuses années d'épargne, dont les revenus sont nécessaires à l'entretien et à l'éducation des familles. Ce n'est pas là de la richesse, mais simplement de l'aisance, cette aisance que chacun devrait, pour le plus grand bien de la société, s'efforcer d'acquérir.

Il existe trois façons de disposer du surplus de sa richesse. On peut le laisser à sa famille, le léguer à des œuvres d'intérêt public, ou bien le distribuer de son vivant. C'est par le premier et le second moyen que jusqu'à ce jour la plus grande partie de la richesse du monde est arrivée entre les mains d'un petit nombre de personnes. Examinons chacune de ces méthodes séparément. La première est la moins judicieuse. Dans les pays monarchiques, les biens-fonds et la plus grande partie de la richesse sont laissés au fils aîné. La vanité du père trouve une satisfaction dans l'idée que son nom et son titre seront transmis intacts aux générations à venir. La situation de cette classe en Europe, à l'heure actuelle, nous montre combien de telles espérances et ambitions sont vaines. Les héritiers ont été appauvris par leurs folies ou par la diminution de la valeur des terres. Même en Angleterre, la loi rigide de la substitution n'a pu réussir à maintenir une classe héréditaire. Les terres de cette classe passent rapidement dans les mains d'étrangers. La division de la fortune entre les enfants, conformément aux institutions républicaines, est beaucoup plus équitable.

La question suivante se pose à tous les hommes sérieux de tous les pays : « Pourquoi des hommes laissent-ils de grandes fortunes à leurs enfants ? Si c'est par affection, cette affection ne s'abuse-t-elle pas ? » L'observation nous enseigne que, de façon générale, ce fardeau est nuisible aux enfants, et non moins à l'État. On comprend que des pères de famille se demandent avec anxiété s'ils doivent laisser à leur femme et à leurs filles autre chose que de modiques revenus, et à leurs fils autre chose qu'une très modeste pension, — si même ils doivent leur laisser cela. On ne saurait douter en effet que les grosses sommes font plus de mal que de bien à ceux qui les reçoivent. Les pères de famille sages arrivent vite à la conclusion que les legs considérables sont un mauvais emploi de leur fortune, — mauvais à la fois pour les leurs et pour l'État.

Au père qui n'a pas su apprendre à ses fils à gagner leur vie, je ne donne nullement le conseil de les laisser dans la misère. S'il a jugé bon de les destiner à une vie oisive, ou, ce qui est fort louable, s'il leur a inculqué l'idée que leur situation leur permettait de se consacrer au bien public, sans aucune considération d'argent, dans un tel cas, bien entendu, il doit leur assurer des ressources suffisantes. Il est des fils de millionnaires qui n'ont pas été gâtés par la fortune et qui, en dépit d'elle rendent de grands services à la communauté. Ceux-là sont le « vrai sel de la terre ». Malheureusement ils sont aussi rares que précieux.

Mais c'est la règle, non l'exception qu'il faut considérer. Quand l'homme raisonnable réfléchit aux conséquences habituelles des grosses sommes d'argent laissées à des héritiers, bien vite, il s'écrie : « J'aimerais mieux laisser à mon fils ma malédiction que lui laisser le *tout-puissant dollar* » ; et, il reconnaît que ces legs ne sont jamais inspirés par le bien-être des enfants, mais par l'orgueil de famille.

Du second moyen qui consiste à laisser sa fortune, après décès, à des œuvres d'intérêt public, je déclare qu'il convient seulement à l'homme qui ne désire être utile sur cette terre qu'après l'avoir quittée. Les résultats connus des legs ne sont pas faits, pour inspirer de brillantes espérances sur le bien posthume

qu'ils peuvent accomplir. Les cas ne sont pas
rares où le vrai but que se proposait le légataire
n'a pas été atteint et où ses volontés ont
été méconnues. Dans maints cas, son argent n'a
servi qu'à élever un monument à sa folie. Il est
bon de rappeler que, pour employer la richesse
de façon vraiment avantageuse à la communauté, il ne faut pas moins d'habileté que pour
la gagner. On peut ajouter, en toute impartialité, qu'un homme ne mérite pas d'être porté
aux nues pour un acte indépendant de sa
volonté et qu'il ne mérite même pas les remerciements de la communauté, quand il ne lui
laisse sa fortune qu'après sa mort. N'a-t-on pas
le droit de penser que s'il avait pu emporter
son argent dans la tombe, il n'y aurait pas
manqué ? Nulle reconnaissance ne saurait
être attachée à sa mémoire. En donnant
ainsi, il n'a fait de faveur à personne. Et
on ne doit pas être surpris que ses legs
soient maudits.

L'habitude d'imposer de plus en plus lourdement les biens considérables au décès de leurs
propriétaires, indique un changement salutaire
dans l'opinion publique. L'État de Pensylvanie,
— à quelques exceptions près — prélève, à la

mort de ses contribuables, un dixième de leurs biens. Le budget présenté l'autre jour au Parlement anglais propose l'augmentation de ces droits et même leur proportionnalité. De toutes les formes d'impôts, celle-là semble la plus équitable. Aux hommes occupés toute leur vie à entasser de grosses sommes qui seraient utiles à la communauté — d'où elles sont tirées presque entièrement—, si elles étaient consacrées à des œuvres d'intérêt général, il est nécessaire de faire comprendre que la communauté représentée par l'Etat ne peut être ainsi privée de sa part légitime. L'État en mettant des droits élevés sur les biens que le millionnaire égoïste laisse derrière lui, témoigne du mépris que lui inspire sa vie indigne.

Il est à souhaiter que les nations aillent encore beaucoup plus loin dans cette voie. Certes, il est difficile de déterminer la part des biens d'un homme riche qui, à sa mort, doit revenir au public, par l'intermédiaire de l'État. Mais il est certain que ces droits devraient être proportionnels. A peu près insignifiants sur les sommes modiques laissées aux membres de la famille, ils augmenteraient proportionnellement à ces sommes, jusqu'à ce qu'il en soit du trésor du millionnaire, comme du trésor de Shylock, c'est-à-dire que, au moins

  ...... l'autre moitié

  entre dans les coffres de l'État.

Ce système serait très efficace pour décider l'homme riche à distribuer sa richesse avant sa mort. Et c'est là le but que la Société devrait toujours avoir en vue, car il est de beaucoup le plus avantageux pour l'ensemble de la nation. Il n'est pas à craindre qu'on frappe ainsi l'esprit d'entreprise dans sa racine, ou qu'on enlève aux hommes le désir d'amasser. Un tel système attirerait davantage encore l'attention sur ceux qui désirent laisser de grandes fortunes et faire parler d'eux après leur mort. Leur ambition porterait sur les énormes sommes que l'État aurait à prélever sur leurs richesses, et cela donnerait à cette ambition une certaine noblesse.

La troisième façon de distribuer la richesse nous procure à la fois : le véritable remède à la répartition temporairement inégale de la richesse, la réconciliation du riche et du pauvre —, un règne d'harmonie, un idéal nouveau, différent certes du communisme, en ce qu'il demande seulement l'évolution progressive des conditions existantes, et non le bouleversement total de notre civilisation. Elle repose sur l'individualisme si intense de notre époque, et l'humanité est prête à la mettre en pratique, par degrés, dès qu'on voudra. Nous lui devrons un État idéal, dans lequel le surplus de la richesse de la minorité deviendra, dans le meilleur sens, la propriété de la majorité, puisqu'il sera consacré au bien commun. Et cette richesse, concentrée dans quelques mains sera bien plus efficace pour le progrès de notre race que si elle était distribuée par petites sommes. Même les plus pauvres peuvent être amenés à comprendre cette vérité, et à convenir que les grosses sommes amassées par certains de leurs concitoyens et consacrées à des œuvres publiques dont la masse récolte le principal bénéfice, sont plus précieuses pour cette masse que si elles lui étaient distribuées, par parties insignifiantes, dans le cours de nombreuses années.

Si nous examinions par exemple les avantages que le « Cooper Institute » procure aux pauvres de New-York, les plus dignes d'intérêt et que nous les comparions aux avantages que les masses auraient pu tirer d'une somme égale distribuée par M. Cooper, sa vie durant, sous forme de gages, ce qui est la forme de distribution la plus élevée, puisqu'elle est la rétribution d'un travail et non une charité, nous sommes à même de nous former une idée de ce que l'accumulation des richesses, sous sa forme présente, peut faire pour l'amélioration de la race. Une grande partie de cette somme distribuée par petites quantités, aurait été gaspillée à satisfaire des appétits divers, souvent avec excès, et on est en droit de se demander si même la partie employée au meilleur usage, c'est-à-dire au confort de la maison, aurait eu pour la race, en tant que race, des ·résultats comparables à ceux qui découlent, et découleront, à travers les générations futures, du « Cooper Institute ». Que les partisans d'un changement violent ou r. ical veuillent bien méditer cette idée.

Nous pourrions citer un autre exemple — celui du legs de cinq millions de dollars, fait par M. Tidden, à la ville de New-York, pour une bibliothèque gratuite. Ce legs suggère la réflexion suivante : Combien n'eut-il pas été préférable que M. Tidden consacrât les dernières années de sa vie à disposer lui-même de cette immense somme ? Il eut ainsi évité les contestations juridiques et toutes les autres causes de délai qui sont allées à l'encontre de ses projets. Mais admettons que les millions de M. Tidden finissent par doter cette cité d'une bibliothèque gratuite où tous les trésors du monde entier seront pour toujours à la libre disposition du public. Est-ce que les intérêts permanents de cette partie de la nation qui est rassemblée dans et autour de « Manhatan-Island » auraient été mieux servis, si ces millions lui eussent été distribués par petites sommes ? Le plus ferme communiste lui-même peut avoir des doutes sur ce point. La plupart de ceux qui réfléchissent n'en auront pas.

Sur cette terre, nos occasions sont médiocres et restreintes, notre horizon étroit, notre meilleur travail fort imparfait, mais les hommes riches jouissent de l'inestimable faveur de pouvoir être, durant leur vie, les dispensateurs de bienfaits qui procureront à leurs semblables un avantage durable, et de pouvoir donner ainsi de la dignité à leur propre vie.

L'homme qui vivra la plus noble vie ne sera probablement pas l'homme qui imitera la vie du Christ telle que Tolstoï nous la présente. Ce sera celui qui, animé de son esprit saura comprendre les changements survenus dans les conditions de notre existence et qui travaillera au bien de ses semblables, conformément à l'essence de la vie et à l'enseignement du Christ, mais d'une façon différente.

Voici, à mon avis, le devoir de l'homme riche : Donner l'exemple d'une vie modeste, sans ostentation et sans prodigalité ; pourvoir de façon modérée aux besoins de ceux qui dépendent de lui ; et, cela fait, considérer tout le surplus de ses revenus comme un simple dépôt qu'il a la mission stricte et sacrée de distribuer de la façon la plus propre à procurer à la communauté les résultats les plus avantageux. Un tel riche n'est que le dépositaire et l'homme d'affaires de ses frères plus pauvres, il met à leur service sa sagesse plus grande, son expérience et son habileté d'administrateur, il agit pour eux mieux qu'ils ne voudraient ou ne pourraient agir eux-mêmes.

Nous nous heurtons ici à la difficulté de déterminer ce qu'il faut entendre, par sommes modiques à laisser aux membres de la famille, par une existence modeste et par prodigalité. Il doit y avoir autant de règles que de situations.

Il est aussi impossible d'indiquer des chiffres et des faits, que de définir les règles du bon ton, du bon goût ou des convenances, qui, pourtant, sont admises et senties par tous. L'opinion publique est prompte à reconnaître ce qui blesse ces règles. Le cas de la richesse est identique. Les règles du bon goût, en fait de costume masculin et féminin, lui sont applicables. Tout ce qui est trop voyant blesse ces règles. Si une famille est connue surtout pour son luxe, ses prodigalités de mobilier, de table ou d'équipages, pour les sommes énormes qu'elle consacre avec ostentation à ses propres plaisirs, de quelque nature qu'ils soient, si ce sont là ses principales caractéristiques, il nous est facile de nous prononcer sur sa nature et sa culture. Les mêmes règles s'appliquent au bon ou mauvais usage de la fortune, à la participation généreuse à des œuvres d'intérêt général ou aux efforts incessants pour entasser de l'argent jusqu'à la mort, et à la façon dont on dispose de sa fortune, soit qu'on la distribue de son vivant ou qu'on la lègue. Le jugement est fait par l'opinion des meilleurs et des plus éclairés. La masse juge à son tour et elle se trompe rarement.

Les meilleurs usages qu'on peut faire de la
richesse ont déjà été indiqués. Pour l'employer sagement, certes, il faut être un
sage. L'un des plus sérieux obstacles au progrès de notre race, c'est la charité faite sans dis-
cernement. Pour l'Humanité, il serait préférable que les millions des riches fussent jetés à
la mer, au lieu de servir à encourager les
paresseux, les ivrognes, les indignes. Sur mille
dollars consacrés aujourd'hui à de soi-disantes
charités, plus de neuf cent cinquante sont
mal placés. Ils servent à produire les maux
qu'on cherche à adoucir ou à guérir. L'auteur
bien connu de livres philosophiques reconnut
récemment qu'il avait donné un quart de dollar
à un homme qui s'était approché de lui, au
moment où il entrait chez un ami. Il ignorait les
habitudes de ce mendiant et l'usage qu'il ferait
de cet argent. Il avait toutes les raisons possibles de penser qu'il le dépenserait mal. Cet
écrivain fait profession d'être un disciple d'Herbert Spencer. Le quart de dollar qu'il donna
ce soir là fera probablement plus de mal que
tout l'argent qu'il pourrait dépenser en charités bien comprises ne fera de bien. Il se fit
seulement plaisir à lui-même, et s'épargna un

ennui. Ce fut là probablement un des actes les plus mauvais et les plus égoïstes de sa vie, car, sous tous les autres rapports, il est un très excellent homme.

Le point important, en fait de charité, c'est d'aider ceux qui veulent s'aider, de fournir à ceux qui veulent améliorer leur situation une partie des moyens nécessaires pour cela, de donner à ceux qui veulent s'élever les moyens de s'élever, d'assister, mais jamais ou rarement de faire tout. Les aumônes ne rendent meilleurs ni les individus, ni la race. Il est rare que l'assistance soit demandée par ceux qui en sont dignes. Les hommes d'une réelle valeur n'ont jamais recours à cette extrémité ; excepté en cas d'accident ou de changement de fortune soudain. Bien entendu, chacun de nous a l'occasion de connaître des gens à qui une assistance temporaire ferait un bien véritable, et nous devons la leur accorder. Mais le montant des sommes qu'un simple particulier peut, avec sagesse, donner à d'autres particuliers, est nécessairement limité par son ignorance de leur situation Seul il peut prétendre au titre de bienfaiteur celui qui prend autant de soin à ne pas secourir les gens indignes qu'à secourir les gens méritants — je devrais dire qui en prend plus, car l'aumône accordée au vice est plus pernicieuse que celle accordée à la vertu n'est utile.

L'homme riche se trouve ainsi à peu près réduit aux exemples de Peter Cooper, d'Enoch Pratt de Baltimore, du sénateur Stanford et d'autres encore. Ces hommes savent que le meilleur moyen d'être utiles à leurs compatriotes, c'est de placer à leur portée « des échelles auxquelles ceux d'entre eux qui ont de l'ambition peuvent grimper », — c'est-à-dire des bibliothèques publiques, des parcs, des moyens de distractions favorables au corps et à l'esprit, des œuvres d'art qui procurent des jouissances et affinent le goût, et des institutions de diverses sortes qui améliorent la situation générale du peuple. De la sorte, ils restituent à la masse de leurs compatriotes le surplus de leur richesse, sous la forme la plus propre à leur rendre des services durables.

Voici quelle sera la solution du problème des rapports entre riches et pauvres : L'accumulation et l'usage des richesses resteront libres. L'individualisme sera respecté, mais le millionnaire ne sera plus que le dépositaire du pauvre.

Il recevra, pour un temps, la garde d'une large part de l'augmentation des richesses de la communauté, et il en disposera, en sa faveur, infiniment mieux qu'elle n'aurait su ou pu en disposer elle-même. Les meilleurs esprits arriveront ainsi à un degré de l'évolution de la race où ils comprendront que, pour les hommes prévoyants ou sérieux, le seul moyen de disposer du surplus de leur richesse, c'est de le consacrer, année par année, au bien de tous. Déjà nous voyons poindre l'aurore de ce jour. Les hommes ayant les capitaux engagés dans de grandes entreprises commerciales d'où ils n'ont pas voulu ou n'ont pu les retirer, capitaux dont ils lèguent la plus grande partie à des œuvres d'intérêt général, peuvent encore mourir sans être exposés au mépris de leurs semblables. Mais le jour n'est plus éloigné où l'homme qui mourra possesseur de millions dont il pouvait disposer de son vivant, s'en ira « sans larmes, sans honneurs, sans chants », quel que soit l'usage qu'il aura fait des scories qu'il n'a pu emporter dans la tombe. C'est de tels hommes qu'on dira : « Celui qui meurt riche, meurt déshonoré ».

Tel est, selon moi, le véritable Evangile de la Richesse. C'est en le suivant qu'on arrivera, un jour ou l'autre, à résoudre le problème de la richesse et de la pauvreté, et à amener sur cette terre le règne de « la paix pour tous les hommes de bonne volonté ».

II

LES MEILLEURES FORMES DE LA PHILANTHROPIE

L'Evangile de la Richesse a reçu en Amérique un accueil cordial. Dans la mère-patrie, il a excité une attention plus vive. Il est naturel que la plus ancienne civilisation se préoccupe davantage des questions sociales. Le contraste entre les classes et les masses, entre les riches et les pauvres, n'est pas encore aussi accusé dans ce continent vaste, fertile et en plein développement, ayant moins de vingt habitants par mille carré que dans la petite Angleterre, où cette proportion est quinze fois plus grande, et qui n'a pas de territoires vacants. C'est peut-être `la *Pall Mall Gazette* qui, dans son numéro du 5 septembre, a opposé

les plus fortes objections à ce que les Anglais
ont trouvé bon d'appeler « l'Evangile de
la Richesse » (1). Je cite : « Les grandes fortunes, dit M. Carnegie, sont un grand bienfait pour une nation, parce qu'elles permettent
de faire telles ou telles choses. Soit. Mais elles
sont aussi un grand fléau parce qu'elles permettent de faire telles ou telles autres choses.
Entre autres mots, le sermon de M. Carnegie
est démenti par les habitudes de M. Bentzon.
L'Evangile de la Richesse est tué par les
actes ».

La réponse est facile. L'Evangile du Christianisme est lui aussi tué par les actes. L'objection adressée à l'Evangile de la Richesse
peut être adressée à ce commandement : « Tu ne
voleras pas ». Ce n'est pas un argument contre
un Evangile qu'il ne soit pas suivi. C'est
même un argument, en sa faveur. Un Evangile
doit être plus élevé que les mœurs régnantes.
Ce n'est pas un argument contre une loi qu'elle
soit violée. Cette désobéissance constitue toute
sa raison d'être. Une loi qui ne serait jamais
violée, n'est pas une loi nécessaire.

(1) Cet article avait paru sous le titre de : « Richesse ».

6.

L'événement le plus important survenu à
« l'Evangile de la Richesse », c'est d'avoir eu
la chance d'attirer l'attention de M. Gladstone
et d'avoir mérité de lui cette lettre : « J'ai
demandé à M. Llyod Brice (*North American
Review*), de bien vouloir autoriser la repro-
duction dans ce pays du fort intéressant
article « La Richesse », que M. Carnegie vient
de faire paraître en Amérique ». Cette demande
amena la publication de l'article dans plusieurs journaux et revues. Un éditeur entreprenant le publia en une brochure dédiée, avec
ma permission, à M. Gladstone.

Tout cela est fort encourageant. J'y vois la
preuve que la Société comprend l'importance
des résultats en jeu et est prête à les accepter.
La demande que m'a faite l'éditeur de cette
revue, de continuer l'étude du sujet et d'indiquer les meilleurs emplois qu'on peut faire du
surplus de la richesse, peut être considérée
comme une preuve de plus que, rejetées ou
adoptées, mes idées sont du moins assurées de
trouver des oreilles attentives.

Dans le premier article, je prétendais qu'il
n'y avait qu'un moyen de disposer équitable-
ment des grosses fortunes, à savoir que leurs

détenteurs devaient, leur vie durant, les consacrer à des œuvres procurant des avantages durables à la communauté qui les a fournies. J'ajoutais que l'opinion publique dirait bientôt de l'homme qui meurt en possession de richesses dont il pouvait disposer : « Cet homme meurt déshonoré ».

Dans ce nouvel article, je me propose d'exposer quelques-uns des moyens les plus sages de disposer de la richesse, en faveur d'œuvres d'intérêt général. Le millionnaire qui, suivant mon Evangile, se considère comme le simple dépositaire de son excédent de fortune, n'en fera bon usage qu'à de certaines conditions. Tout d'abord il devra veiller à ce que cet argent serve, non pas à dégrader et à appauvrir ceux qui le reçoivent, mais à encourager les efforts personnels des meilleurs et des plus ambitieux d'entre les pauvres de la nation. Ce ne sont pas les gens irrémédiablement pauvres, sans énergie, sans valeur, qu'il doit chercher à atteindre, soit pour leur faire du bien, soit pour sa satisfaction personnelle. Pour ceux là, les villes et l'État ont des refuges, où ils sont abrités, nourris, habillés, où ils mènent une vie confortable, et où — point le plus important — ils sont tenus à l'écart des pauvres méritants et laborieux— que leur contact pourrait démoraliser. Un homme ou une femme qui réussisent à vivre confortablement de mendicité, sont plus dangereux pour la Société et un plus grand obstacle au progrès de l'humanité, qu'une vingtaine de Socialistes bavards. Celui qui distribue son excédent de richesse ne doit pas s'occuper de ceux pour qui il faut faire tout. Sa fonction est de venir en aide aux laborieux et aux ambitieux, à ceux qui ont un très grand désir de s'aider eux-mêmes. Ces derniers seuls méritent que des philanthropes riches les soutiennent et augmentent leurs chances de succès.

On ne doit jamais oublier que l'habitude de donner à tort et à travers, est l'un des plus sérieux obstacles que rencontre le philanthrope désireux de faire dans ce monde un bien durable. Le millionnaire doit avoir pour principe de ne pas consacrer son argent à des objets dont l'utilité ne lui est pas clairement démontrée. Il doit se rappeler l'opinion de M. Ryce, à savoir que sur mille dollars consacrés à de prétendues charités, on ferait mieux d'en jeter neuf cent cinquante à la mer. D'après ce que je sais des riches, il n'est pas nécessaire de les engager à consacrer leur superflu à ces prétendues charités. On devrait, pour le bien du pays, les engager à les cesser, car elles sont nuisibles. D'ordinaire les gens riches, sous ce rapport ne pèchent pas par omission, mais par commission, parce qu'ils ne prennent pas le temps de réfléchir, et surtout parce qu'il est plus facile de donner que de refuser. Ceux qui distribuent, chaque année, les millions de leur superflu, font plus de mal que de bien. Ils retardent le progrès de la nation. En effet, la plupart des moyens employés aujourd'hui pour venir en aide à autrui tendent uniquement à répandre parmi les pauvres l'habitude de compter sur les aumônes. Ceux-ci devraient au contraire être bien convaincus qu'ils n'ont à compter que sur eux-mêmes. Le millionnaire avare qui entasse sa richesse, fait moins de mal à la Société que le millionnaire qui la distribue imprudemment, même quand il s'abrite sous le manteau de la Charité. L'homme qui donne à un mendiant commet une faute grave, mais beaucoup de sociétés et d'institutions qui sollicitent des aumônes et les distribuent, ne sont pas moins nuisibles à la communauté. Elles ont des effets aussi corrupteurs que de simples mendiants. La morale de Plutarque contient cette leçon : « A un mendiant qui lui tendait la main, un Lacédémonien dit : « Si je te donnais quelque chose, je ferais de toi un plus grand mendiant. Celui qui le premier te donna de l'argent, a fait de toi un oisif. Il est responsable de la vie basse et déshonorante que tu mènes. » Bien peu de millionnaires sont innocents du péché d'avoir fait des mendiants.

Avec ces considérations à l'esprit, je vais essayer d'indiquer quelques-uns des meilleurs usages qu'un millionnaire peut faire du superflu dont il n'est que le dépositaire.

Premièrement. — Aux hommes très riches qui sont nécessairement rares, dans n'importe quel pays, je conseille la fondation d'une Université. La somme la plus importante qui fut jamais consacrée par un simple particulier, à un usage quelconque, est peut-être celle que le docteur Stanford consacra à la fondation d'une Université, sur la côte du Pacifique, là où il amassa son énorme fortune. Cette Université coûtera, dit-on, une dizaine de millions, et on estime qu'il lui consacrera environ vingt millions de son superflu. Cet homme est digne d'envie. Dans un millier d'années, quelque orateur prononcera son éloge sur les rives trop peuplées du Pacifique et lui appliquera l'éloge que Griffit adressait à Wolsey.

C'est là un noble usage de la richesse. Nous avons beaucoup d'institutions semblables — Johns Hoptkins, Cornell, Packer et d'autres encore — mais la plupart d'entre elles ont été fondées par testament. Or, il est impossible de porter aux nues un homme, simplement parce qu'il a laissé derrière lui ce qu'il ne pouvait emporter. Cooper, Pratt, Stanford et d'autres semblables, méritent d'être honorés et admirés, autant pour le temps et les soins que pour les sommes, qu'ils ont consacrés à leurs œuvres.

On ne peut parler de la côte du Pacifique, sans rappeler une autre œuvre importante, d'un caractère différent, qui y fut fondée récemment — le « Lick Observatory ». Si quelque millionnaire s'intéresse à l'étude de l'astronomie — il devrait y en avoir, et il y en aurait si les gens de cette classe prêtaient à ce sujet la moindre attention — je les engage à suivre cet exemple.

Les progrès réalisés dans les instruments et le matériel astronomiques sont si importants et si continus qu'un nouveau télescope offert, de temps à autre, à l'un des observatoires de ce continent, rendrait de grands services. Le dernier est toujours le plus grand et le meilleur ; il permet de porter de plus en plus loin la connaissance de l'univers et de ses relations avec les habitants de cette terre. On peut citer parmi les nombreuses bonnes œuvres du regretté M. Thaw de Pittsbourg, l'appui constant qu'il donna à l'observatoire de cette ville. Cet observatoire a permis au professeur Langley de faire ses magnifiques découvertes. Il est maintenant le digne successeur du professeur Henry, à la tête de la « Smithsonian Institution. » Il avait comme collaborateur M. Braeshier de Pittsbourg dont les instruments se trouvnt dans les principaux observatoires du monde. M. Braeshier était un simple constructeur de moulins. M. Thaw reconnut son génie et fut son principal soutien durant ses jours difficiles. Cet ouvrier a été élevé à la dignité de professeur par un des corps scientifiques les plus

vancés du monde. En employant le surplus
e sa richesse à aider ces deux hommes
ujourd'hui célèbres, le millionnaire Thaw
ccomplit une belle œuvre. Leurs efforts unis
nt procuré à leur pays, aux yeux des savants
u monde entier, un honneur qui ne fera que
randir.

Il est donné à bien peu de gens de fonder
es universités ; et, d'ailleurs, nous n'avons pas
esoin de beaucoup d'universités nouvelles,
eut-être n'avons-nous besoin d'aucune. Désor-
ais, ce qu'il y a de mieux à faire, c'est de com-
léter et d'agrandir celles qui existent. De ce
ôté, un vaste champ est ouvert au million-
aire qui veut être autre chose qu'un Crésus
armi d'autres millionnaires. Les dons à
« Yale University » ont été nombreux, mais il
este encore beaucoup de place pour d'autres.
'école des Beaux-Arts, fondée par M. Street,
« Sheffield Scientific School » dotée par
. Sheffield, et les fonds du professeur Loomis
our l'Observatoire sont de magnifiques exem-
les. L'édifice de Madame C.-J. Osborne pour
lecture et la récitation doivent nous cau-
r une grande joie, parce qu'ils témoignent
e la sagesse d'une femme. L'Université

d'Harward n'a pas été oubliée. Le musée Peabody et les collèges de Wells, Matthews et Thayer peuvent aussi être cités. Sever Hall mérite une mention spéciale. Il montre ce qu'un homme de génie comme Richardson a pu faire avec la modeste somme de cent mille dollars. L'Université Vanderbilt, à Nashville, dans le Tennessee, peut être mentionnée comme un résultat direct de l'Evangile de la Richesse. Elle fut fondée par les membres de la famille Vanderbilt, de leur vivant — notez ce point vital, de leur vivant—, car les sommes qu'un homme laisse à sa mort ne comptent pas pour beaucoup. Ces sommes ne sont pas données par lui, elles lui sont arrachées. Si un millionnaire ne sait comment rendre de grands et incontestables services avec son argent, voila une voie qui ne sera jamais encombrée, car les besoins de nos universités augmentent avec le développement du pays.

Deuxièmement. — Quel est le don le plus utile qu'on puisse faire à une ville ? J'ai étudié cette question et le résultat de mon étude m'a amené à placer en première ligne, une bibliothèque gratuite, à la condition que

la ville veuille bien la considérer et l'entretenir comme une institution publique, faisant
partie de la propriété municipale, au même titre
que les écoles publiques, et, j'ajoute, comme un
complètement de ces écoles. C'est assurément
à ma propre expérience que je dois de considérer les bibliothèques gratuites comme supérieures à toutes les autres formes de générosité.
Quand j'étais apprenti à Pittsbourg, le colonel
Anderson d'Alleghany, — un nom que je ne peux
jamais citer sans un sentiment de profonde
gratitude —, mit à notre disposition sa petite
bibliothèque de 400 volumes. Chaque après-
midi du dimanche, il se tenait chez lui pour
l'échange des livres. Nul excepté celui qui a
éprouvé cette sensation, ne peut comprendre
avec quelle impatience nous attendions le
dimanche, pour avoir un nouveau livre.

Mon frère et M. Phipps qui ont été mes
principaux associés durant toute ma vie, par-
ticipaient avec moi à la précieuse générosité
du colonel Anderson. Ce fut en me délectant
des trésors qui m'étaient révélés dans ces lec-
tures que je résolus, si jamais je devenais
riche, d'employer ma fortune à la création de
bibliothèques gratuites, afin que d'autres en-

fants pauvres puissent trouver des moyens de s'instruire semblables à ceux que nous devions à cet homme de bien.

La Grande-Bretagne a été une des premières nations qui ait compris la valeur des bibliothèques gratuites pour le peuple. Le Parlement a voté une loi autorisant les villes et les bourgs à fonder des bibliothèques et à les entretenir comme des institutions municipales. Chaque fois que les habitants d'une ville ou d'un bourg ont voté l'acceptation des dispositifs de la loi, les municipalités furent autorisées à taxer la communauté d'un penny par livre. La plupart des villes ont déjà des bibliothèques gratuites régies par cette loi. Beaucoup ont été données par des hommes riches dont l'argent a été employé à la construction des bâtiments et dans quelques cas à l'achat des livres. Les villes ont à leur charge l'entretien et l'agrandissement de ces bibliothèques. Et c'est à cette condition que j'attribue la plus grande partie de leur utilité. Une institution qui vit des fonds d'une donation est sujette à devenir la proie d'une coterie. Le public cesse de s'y intéresser, ou plutôt ne s'y intéresse jamais. On viole ainsi la règle qui veut que ceux qu'on aide s'aident eux-mêmes. On a fait toute la besogne pour la ville au lieu de se borner à l'aider dans ses efforts. Il est rare que cette façon de procéder donne de bons résultats.

On a fondé beaucoup de bibliothéques gratuites dans notre pays, mais aucune, ne l'a été je crois, avec autant de sagesse que la « Pratt Library », à Baltimore. M. Pratt construisit la bibliothèque à ses frais et l'offrit à la ville de Baltimore en même temps que le solde de la somme qu'il avait réservée pour cet usage. Le coût total était de 1 million de dollars, et il demandait à la ville de payer sur cette somme cinq pour cent par an, soit cinquante mille dollars, à des administrateurs pour l'entretien et le développement de la bibliothèque et de ses succursales. En l'année 1888, 430.217 livres furent prêtés. 37.196 habitants de Baltimore sont inscrits sur les registres comme lecteurs. Et j'ose dire, sans crainte de me tromper, que les 37 mille personnes qui fréquentent la « Pratt Library », ont plus de valeur pour Baltimore, pour l'État et pour le pays que tous les inertes, les paresseux ou les pauvres de la nation toute entière. Et, j'ajoute, avec la même assurance, qu'en mettant des livres à la portée de 37.000

personnes qui désiraient s'instruire, M. Pratt a fait plus pour le véritable progrès de la nation, que tous les dons des millionnaires et des gens riches, destinés à aider ceux qui ne voulaient ou ne pouvaient s'aider eux-mêmes. En distribuant son superflu avec sagesse, il a arrosé d'un ruisseau fertilisant un sol qui était prêt à le recevoir, et qui a rendu le centuple. Les nombreuses personnes qui ont semé leur argent çà et là, n'ont fait que verser de l'eau dans des cribles qui ne pouvaient être remplis. Elles ont fait pis : Elles l'ont versée dans des égoûts stagnants qui engendrent les maladies dont le corps politique souffre le plus. Le million de dollars dont M. Pratt a fait un si magnifique usage, c'est quelque chose, mais il y a quelque chose de plus grand encore. Quand la cinquième succursale de la bibliothèque fut ouverte à Baltimore, l'orateur s'exprima ainsi :

« Quelle qu'ait été l'importance de nos efforts, durant ces quatre années, j'ai plaisir à reconnaître que la plupart des résultats acquis sont dus à l'intérêt chaleureux, aux sages conseils et aux inspirations pratiques de M. Pratt. Il ne sembla jamais croire que, en consacrant une grande richesse au bien de ses compatriotes, il avait fait tout ce qu'on était en droit d'attendre de lui, mais il s'efforça de faire produire à cette richesse tout le bien possible. De la sorte, il allégea continuellement nos fardeaux, parfois très lourds, il nous apporta du courage et un rayon de soleil quand des nuages couraient dans le ciel. Enfin, il fit sentir à tous les fonctionnaires et employés que leurs bons services étaient appréciés et que leur empressement loyal à faire leur devoir méritait de sincères compliments. »

C'est là le plus beau portrait de millionnaire que je connaisse. Décrit sous ces traits, M. Pratt est le disciple idéal de l'Evangile de la Richesse. Nous n'avons pas à craindre que la masse des travailleurs refuse de reconnaître en des hommes de cette sorte, leurs meilleurs chefs et amis. Le problème de la pauvreté et de la richesse, de l'employeur et de l'employé, sera résolu de façon pratique, chaque fois que les riches consacreront leur temps et leur ardeur, leur vie durant, à faire du bien aux membres de la communauté qui n'ont pas été chargés des responsabilités de la richesse. Ce jour venu, il n'y aura plus d'antagonisme de classes, car les grands et les petits, les riches et les pauvres seront frères.

Un millionnaire à la recherche du meilleur moyen de disposer de son superflu, est assuré de ne pas se tromper beaucoup s'il choisit le don d'une bibliothèque gratuite à toute ville qui consent à l'entretenir et à l'augmenter. Que ces paroles de John Bright résonnent à son oreille : « Il est impossible de rendre à un jeune homme un plus grand service que de mettre à sa disposition les livres d'une bibliothèque gratuite. » Partout où cela est possible, on devrait joindre à la bibliothèque une galerie d'art, un musée et un amphithéâtre pour des conférences et des leçons du genre de celles qui sont données à la « Cooper Union ». Quand on voyage sur le continent, on est surpris de trouver dans chaque ville importante une galerie d'art et un musée. Grands ou petits ces établissements ont des salles pour recevoir les trésors de la région, les dons et les legs qui leur arrivent continuellement. La bibliothèque gratuite et la galerie d'art de Birmingham peuvent-être mises au premier rang de telles institutions. De temps à autre, un homme riche les enrichit encore par des dons de livres, de

magnifiques tableaux, ou d'autres œuvres d'art.
Pour commencer, nos villes n'ont besoin que
d'un édifice incombustible. Ceux de leurs habitants qui voyagent lui enverront de tous les coins
du globe qu'ils parcourent des objets rares
et coûteux, et ceux qui restent à la maison
lui donneront ou lui légueront leurs trésors.
De cette façon, nos collections augmenteront,
et un jour viendra où nos villes pourront
se glorifier d'expositions permanentes dont
leurs habitants tireront un incalculable bénéfice
et qu'elles seront fières de montrer à leurs
visiteurs. Le « Métropolitain Museum of Art »
à New-York est un excellent début. Je vais
indiquer un autre bon usage de l'excédent des
richesses.

Troisièmement. — On peut employer fort
utilement de grosses sommes à la fondation ou
à l'agrandissement d'hôpitaux, d'écoles de
médecine, de laboratoires et d'autres institutions ayant pour but le soulagement des souf-
frances humaines, — et plutôt la prévention que
la guérison des maladies. Ces dons ne sauraient
appauvrir la population, car les institutions de
ce genre traitent les maladies temporaires où

abritent seulement les incurables. Quel don meilleur qu'un hôpital, peut-on faire à une ville qui n'en a pas ? — à la condition qu'il soit entretenu par la municipalité. S'il existe déjà un hôpital, qu'on l'agrandisse. Le don d'un demi-million de dollars fait par feu M. Vanderbilt à la section médicale du collège de Columbie, pour un laboratoire de chimie, fut un des meilleurs emplois de la richesse. Il s'occupe de la prévention des maladies par la recherche de leurs causes. Plusieurs autres personnes ont fondé des laboratoires semblables, mais il y a encore place pour de nouveaux.

S'il existe dans ce pays un millionnaire embarrassé de l'excédent des richesses dont il est le dépositaire, qu'il examine les services rendus par ces laboratoires de chimie. Aucune école de médecine n'est complète sans un laboratoire. Je dirai des laboratoires comme des écoles de médecine : « Ce ne sont point de nouvelles institutions qui sont nécessaires, mais de nouveaux fonds pour mieux outiller les institutions existantes ». Les dons à ces laboratoires peuvent prendre des formes nombreuses et excellentes, mais aucune n'est supé-

rieure à celle dont fit choix M. Osborne, quand
il créa une école d'infirmières au collège de
Bellevue. Si tous les autres dons réunis produisent seulement la moitié du bien que
produit ce bon usage du superflu d'un
millionnaire, les plus exigeants pourront se
déclarer satisfaits. Seuls ceux qui ont subi une
lente et dangereuse maladie, savent estimer à
leur juste valeur l'habileté et les soins d'infirmières habiles.

L'emploi de la femme comme infirmière a
agrandi sa sphère et son influence. On ne doit
pas s'étonner qu'un sénateur, et qu'un médecin
de ce pays ayant reçu à l'étranger les plus hautes
distinctions, aient pris, récemment leurs
épouses dans cette classe.

Quatrièmement. — Tout à fait au premier
rang des œuvres de bienfaisanec, il faut placer les jardins publics, toujours. bien entendu
à la condition que la communauté consente à
les entretenir, à les embellir, et à les conserver intacts. Nul monument plus utile et
plus beau qu'un parc ne peut être laissé par
un homme à la cité dans laquelle il naquit, ou
dans laquelle il vécut longtemps. Et j'ajoute

que le plus gracieux tribut de reconnaissance que la ville puisse offrir au donateur, c'est de donner son nom à ce parc. Le don d'un grand parc fait à la ville de Pittsburg, le mois dernier par Madame Schenley mérite d'être cité. Cette dame, bien que née à Pittsburg épousa, avant sa vingtième année, un anglais. Plus de quarante ans se sont écoulés depuis qu'elle se fixa à Londres, parmi les gens titrés et riches de cette métropole du monde, mais elle se rappelle encore le berceau de son enfance et, au moyen du parc de Schenley, elle y a attaché pour toujours son nom. C'est là un noble usage d'une grande richesse par une personne qui a voulu en disposer elle-même. S'il existe déjà un parc, on n'a que l'embarras du choix pour d'autres dons excellents ayant tous des rapports avec ce parc. M. Phipps d'Allegheny a donné au parc de cette ville des serres qui reçoivent de nombreux visiteurs chaque jour de la semaine, et qui, chaque dimanche, sont envahies par des milliers d'ouvriers. Avec une rare sagesse, il a stipulé, comme condition du don, que les serres seraient ouvertes le dimanche. Cette expérience a donné de si bons résultats qu'il n'a pas hésité, cette année, à lui consacrer encore une large part de son superflu. Aux riches qui aiment les fleurs, je recommande cet exemple de M. Phipps. Qu'ils veuillent bien remarquer que M. Phipps fut un donateur aussi sage que généreux. Il a exigé que la ville prît à sa charge l'entretien des serres, et, de la sorte, il leur a assuré pour toujours la propriété publique, l'intérêt public, et la critique publique. S'il les eut administrées et entretenues lui-même, vraisemblablement l'opinion publique ne s'y serait jamais intéressée.

Les petites villes de toute l'Europe, ont des parcs et des jardins, non moins surprenants que leurs bibliothèques, leurs musées et leurs galeries d'art. Je n'ai rien vu de plus joli dans mes derniers voyages que la montagne de Bergen, en Norvège. Elle a été convertie en l'un des plus pittoresques jardins d'agrément qu'on puisse voir; des fontaines, des cascades, des chutes d'eau, de délicieux berceaux, de belles terrasses et des statues ornent ce qui auparavant n'était qu'une pente de montagne stérile. C'est là un sujet digne de l'attention d'un millionnaire qui désire faire bénéficier ses semblables d'un bienfait durable. Nous trouvons à Dresde un autre bel exemple de l'usage qu'on peut faire de la richesse, pour rendre une ville plus attrayante. Le propriétaire du principal journal de cette ville lui a légué ses revenus, à charge pour elle de les employer à son embellissement. Une commission, de temps à autre fait exécuter quelque innovation artistique, ou bien fait disparaître quelque laideur. A mesure que les revenus s'accroissent, ils sont consacrés à cet usage. Ainsi, grâce à la générosité de ce patriotique propriétaire de journal, Dresde, sa ville natale, devient rapidement une des plus jolies résidences du monde entier. Quand des améliorations ont été faites, le soin de les entretenir dans l'avenir, incombe à la ville. Les propriétaires de journaux millionnaires de ce pays voudront bien m'excuser, si je me permets de leur recommander l'exemple de leur collègue de la capitale Saxonne.

Dans les vieux pays, il n'existe guère de villes un peu importantes qui ne possèdent des édifices et des endroits d'une grande beauté. De grosses sommes ont été consacrées à leur ornementation, à leur décoration et à leur effet architectural. En Amérique, pour toutes ces choses, nous sommes bien en arrière. Notre République est grande par de certains côtés. Dans le domaine matériel, elle est sans rivale. Mais ne perdons jamais de vue, que, dans le domaine de l'art et des choses délicates, c'est à peine si elle occupe une place. Si l'élégant « Memorial Arch », récemment élevé à New-York, eut été élevé à Dresde, la commission artistique, grâce aux revenus du journal destinés précisément à cet usage, aurait pu le conserver pour qu'il embellisse à jamais la ville.

Le don d'un parc à une ville ne peut manquer d'être considéré par tout le monde, comme l'un des meilleurs usages possibles de la richesse, mais beaucoup de personnes estimeront sans doute qu'en réclamant des serres, des « Memorial arches », et des travaux d'embellissement, je vais trop loin. Elles traiteront mes idées de chimériques. Les avantages matériels de ces créations peuvent ne pas être très visibles. Mais aucun homme pratique, se préoccupant uniquement des avantages matériels ne saurait prétendre qu'il est inutile de consacrer de l'argent à des buts esthétiques ou autres analogues, sous prétexte qu'ils ne répondent pas à des besoins de la masse. On peut dire de ces œuvres d'un caractère plus exclusivement artistique, ce que j'ai dit des bibliothèques et des musées : « C'est en atteignant ce qu'il y a de meilleur dans la masse qu'elles rendent les plus grands services. » Il est préférable d'éveiller le sentiment du beau dans les esprits de cette classe, doués de dons naturels, que de s'occuper des esprits incapables d'éprouver ce sentiment. L'homme soucieux du perfectionnement de la race doit rechercher ceux en qui brille l'étincelle divine et leur fournir les moyens de cultiver et de développer leurs dons.

J'ai la conviction que M. Phipps, en mettant à la portée des ouvriers d'Allegheny, des serres remplies de magnifiques fleurs, d'orchidées et de plantes aquatiques qui font leur admiration et celle de leurs femmes et leurs enfants, durant leurs heures de loisirs, et qui alimentent leur amour du beau, fait un meilleur usage de son argent que s'il leur donnait du pain. Les hommes valides qui sont incapables de gagner leur vie ne méritent pas qu'un simple particulier s'occupe d'eux. Ce soin incombe à la ville. Celui qui dote une ville d'une serre, d'une statue ou d'une fontaine fait un acte méritoire. « L'homme ne vit pas que de pain. »

Cinquièmement. — On peut faire un autre bon usage du surplus de la richesse, en dotant nos villes de grandes salles pour organiser des réunions de toute sorte, et faire entendre de bonne musique. Rarement nos villes possèdent de telles salles, et cela les met, en un grand état d'infériorité, à l'égard des cités européennes. Springer-Hall est, pour la ville de Cincinnati, une précieuse acquisition. Elle la doit à M. Springer, qui ne se borna pas à lui léguer des fonds à sa mort, mais la fonda, sa vie durant, et, fait non moins important, consacra son temps et son intelligence des affaires, à lui assurer un succès durable. Offrir un « Hall » à une ville qui n'en a pas , c'est faire un excel-lent usage de sa richesse superflue, c'est rendre le plus grand service à la population. Si les habi-tants n'ont qu'un spectacle instructif et élevé, ou seulement amusant, au lieu d'une douzaine qu'ils devraient avoir, c'est que le prix de la loca-tion d'une salle, dans le cas très rare où il en existerait une convenable, est trop élevé pour que le directeur soit à l'abri des risques d'un désastre financier. Quand chaque ville de notre pays possèdera un « hall », et qu'elle pourra prêter, ou le louer moyennant une somme mo-

8.

dique, et sur l'avis d'une commission ou du maire, ses habitants auront, pour un prix insi-gnifiant, de bonnes conférences, des amuse-ments et des concerts. En Europe, beaucoup d'hôtels de ville possèdent des orgues qui, employés comme je viens de le dire, ont une valeur, incalculable pour la popula-tion. Gardons-nous de faire trop peu de cas des divertissements d'un ordre élevé, même de simples distractions. Tous contribuent gran-dement à rendre les gens plus heureux et meilleurs. Si un millionnaire né dans un petit village qui est devenu une grande ville, se sent le désir, à l'heure de son succès, de faire pro-fiter ses concitoyens d'une partie de sa fortune, il ne saurait mieux faire que de leur offrir un « Hall » public, muni d'un orgue, à la seule condition qu'ils veuillent bien l'entretenir et s'en servir.

Sixièmement. — Sous un autre rapport, nous sommes encore plus en arrière de l'Europe. Dans ce pays, des établissements de bains pour le peuple sont fréquemment fondés par des per-sonnes généreuses. Elles ont la sagesse d'exiger que les villes en prennent l'entretien à leur charge. J'ai soutenu que jamais on ne devait se substituer entièrement à une personne ou à une ville, mais exiger qu'elles contribuassent pour une part à l'œuvre entreprise. La sagesse de cette assertion est vérifiée par le fait qu'il a été reconnu nécessaire pour le succès de ces établissements si utiles à la santé, de faire payer un droit d'entrée. Dans beaucoup de villes, exception est faite pour les enfants des écoles qui sont admis gratuitement certains jours et à de certaines heures. On a fixé des heures différentes pour les deux sexes. Il y aussi des jours et heures réservés aux femmes.

En plus des effets si bienfaisants de ces institutions pour la santé publique, dans des villes éloignées de la mer, les enfants des deux sexes apprennent à nager. Des clubs de natation sont organisés ; des médailles et des prix sont distribués dans des matchs fréquents. Les rapports publiés par les divers établissements de bains en Angleterre, sont remplis d'exemples de gens qui ont échappé au naufrage parce qu'ils avaient appris à nager dans ces établissements. On y trouve aussi de nombreux exemples de sauvetages opérés par leurs élèves. Si un disciple de l'Évangile de la Richesse fait

don à sa ville favorite de grands établissements
de natation ou de bains, à la condition que la
ville l'administre comme un établissement muni-
cipal, on ne saurait jamais lui reprocher
d'avoir fait un mauvais usage des fonds qui lui
étaient confiés.

Septièmement. — C'est à dessein que je désigne les églises, en dernier lieu, à l'attention de
ceux qui ont des richesses superflues. Les églises appartiennent à des sectes et chacun doit
agir à leur égard, d'après ses préférences.
Les dons aux églises ne sont pas faits à
l'ensemble de la ville, mais à des catégories spéciales d'habitants. Néanmoins, il
n'est pas de millionnaire qui ne connaisse, quelque part un édifice de bois,
pauvre et peu confortable, où les gens du
voisinage se réunissent le dimanche, et,
qui, indépendamment des doctrines qu'on
y enseigne, est un centre de vie sociale et
de relations cordiales. C'est faire un bon
usage de son argent que de remplacer cette
construction par un bâtiment solide, en bri-
ques, en pierre ou en granit, au long des murs
duquel le chèvrefeuille et l'ancolie grimperont

et dont les cloches feront entendre au loin leurs sons si doux. Le millionnaire ne doit pas s'inquiéter du prix de ce bâtiment, mais de sa perfection. S'il a suffisamment d'argent, qu'il fasse de cette église un bijou, car l'influence éducatrice d'un pur et noble spécimen d'architecture, construit comme les pyramides le furent, pour durer à travers les âges, ne saurait être estimée en dollars. Pas une famille de cultivateurs, pas un cœur, pas un esprit dans la région n'échappera à l'influence de la beauté et de la grandeur de l'église. Plus d'un enfant intelligent, promenant des regards ravis, sur les vitraux aux couleurs si riches, et extasié par la voix céleste de l'orgue, recevra dans cette église le premier message divin et sera transporté dans le royaume magnifique et enchanteur, qui est si en dehors des conditions matérielles et prosaïques dont il est entouré sur cette terre de travail; — un monde réel, ce nouveau royaume, quelque vagues et indéfinies que ses frontières puissent être. Les habitants de ce cercle magique, jouissent d'une vie intérieure plus précieuse que la vie extérieure. Tous leurs jours et tous leurs actes, tous leurs triomphes et toutes leurs épreuves, tout ce qu'ils voient et tout ce qu'ils entendent, tout ce qu'ils pensent ou tout ce qu'ils font, tout cela est sanctifié par l'éclat qui illumine cette vie intérieure, exalte leur âme, et tient leur conscience pure. Mais quand il a donné l'édifice, le donateur a assez fait. L'entretien de l'église doit être à la charge des fidèles. Il n'y a pas beaucoup de religion sincère dans une congrégation, ni grand chose de bon à attendre d'une église qui n'est pas soutenue par les paroissiens.

On pourrait indiquer beaucoup d'autres sages emplois du superflu des richesses. Je n'ai énuméré qu'un petit nombre — un très petit nombre — des très nombreuses œuvres auxquelles on peut consacrer des sommes considérables. Travailler au bien de la communauté n'est pas le seul privilège des millionnaires. Toute personne, qui a des revenus supérieurs — de si peu que ce soit — à ses besoins, peut partager avec ses frères plus riches le privilège de faire du bien. Ceux qui n'ont pas de surplus peuvent tout au moins donner une partie de leur temps. Le temps est généralement aussi précieux que l'argent; quelquefois il l'est davantage.

On ne saurait redouter que les œuvres auxquelles on peut le plus utilement consacrer sa fortune soient l'objet d'une grande concurrence. Cela n'est d'ailleurs pas désirable. L'emploi à faire de la richesse varie suivant les hommes et les localités. Le meilleur est celui pour lequel le donateur éprouve le plus de sympathie, car dans une telle besogne le cœur doit avoir sa part. Pour faire bon usage de son argent, comme pour toute autre besogne, il est indispensable de s'y donner avec enthousiasme et d'avoir la certitude qu'on a bien choisi son champ d'activité.

Il y a place pour toutes sortes d'autres bonnes œuvres, dont notre pays a grand besoin. L'homme qui fonde une université, une bibliothèque ou un laboratoire ne fait pas de son argent et de son temps un meilleur usage que s'il les consacrait à la décoration d'un parc, à l'achat d'une galerie de tableaux ou à l'érection d'un arc de Triomphe. Tous ces hommes sont de bons ouvriers de la vigne du Seigneur. L'Evangile de la Richesse exige seulement que l'homme entre les mains du quel se sont accumulées de grandes richesses, s'en considère comme le dépositaire et les consacre, de son vivant, à des œuvres d'intérêt général. Laisser à sa mort ce qu'on ne peut emporter, et se débarrasser de son devoir sur d'autres, ce n'est pas faire acte méritoire. Cela n'exige ni sacrifice, ni humanité.

Il fut un temps où les paroles concernant l'entrée des riches dans le ciel étaient prises au sérieux. A notre époque où toutes les questions sont examinées et les articles de foi interprétés de la façon la plus libérale, ces paroles saisissantes ont été oubliées. Elles attendent une révison bienveillante. Elles n'ont pas une signification bien claire et ne doivent pas, notez-le bien, être prises au pied de la lettre. Mais est-il impossible qu'elles retrouvent bientôt toute la force de leur signification première, et qu'elles deviennent conformes à nos idées sur la richesse et la pauvreté, sur les riches et les pauvres, et sur les contrastes que nous voyons et déplorons ? Au temps du Christ, les réformateurs, cela est bien évident, étaient ennemis de la richesse. Il n'est pas moins évident que nous revenons à ce sentiment. Il n'y aurait pas de quoi surprendre l'homme qui étudie l'évolution sociale, si la Société donnait son approbation à ces mots qui ont causé tant d'anxiété : « Il est plus facile à un chameau de passer par le trou d'une aiguille qu'à un riche d'entrer dans le royaume des cieux ». Même s'il faut entendre par trou d'aiguille la porte étroite du Paradis, ces mots présagent de sérieuses difficultés pour les riches. Pour le théologien il n'y a qu'un pas de la doctrine qui dit que « l'homme riche meurt déshonoré », à la doctrine qui lui promet la damnation éternelle.

L'Evangile de la Richesse n'est que l'écho des paroles du Christ. Il exige du millionnaire qu'il vende tout ce qu'il possède et qu'il le donne aux pauvres, de la façon la plus digne et la plus utile, c'est-à-dire qu'il dispose lui-même de ses biens, en faveur d'œuvres d'intérêt général, avant d'aller prendre un repos éternel dans le sein de la Terre, notre mère commune. En agissant ainsi, il approchera de sa fin sans être plus longtemps, un vil thésauriseur de millions inutiles. Il pourra être pauvre, très pauvre en argent, mais il sera riche, très riche, vingt fois millionnaire, en affection, en reconnaissance et en admiration de ses semblables. Et, résultat infiniment plus doux encore, il sera consolé et soutenu par une petite voix intérieure qui lui dira tout bas, que son existence aura servi à faire un peu de bien sur cette terre immense. Je suis sûr au moins d'une chose importante : les portes du paradis s'ouvriront toute grandes devant les tels riches.

Une réponse de M. Gladstone
à l'Evangile de la Richesse

« *L'Evangile de la Richesse* » *attira l'attention de M. Gladstone et dans un article de la* Nineteenth Century, *il l'analysa et le recommanda à ses compatriotes. Cet article ne contribua pas peu à répandre les idées de M. Carnegie. J'ai pensé qu'il était de nature à intéresser les lecteurs français, et j'en ai reproduit ci-après d'assez longs extraits. Ceux qui désireront le connaître en entier se procureront facilement la Revue anglaise.*

UNE RÉPONSE DE M. GLADSTONE

A L'EVANGILE DE LA RICHESSE

M. Gladstone, après avoir fait les réserves
sur les idées trop « républicaines » de M. Carnegie, déclare que ses idées sur la distribution
des richesses réclament, sans délai, une
« étude approfondie, laborieuse et pratique ».
Il continue ainsi :

« L'accumulation de la richesse a eu pour
adversaires des législateurs comme Moïse et
Lycurgue, et des théoriciens comme Platon
et Diogène. Mais ce sujet dépassait leurs
forces à tous. Accumuler des richesses, c'est la
préoccupation du monde entier. En même
temps, il faut reconnaître que l'énorme puissance dont la richesse dispose a été, dans son

ensemble, fort mal employée. S'est-on aperçu que cette énorme puissance devient chaque chaque jour de plus en plus énorme ? Elle augmente rapidement. Et ce n'est pas fini. Elle est bien loin encore de son maximum possible. Il est vraisemblable qu'elle se développera à mesure que le commerce se développera lui-même. Enfin, on ne doit pas oublier que la forme de la richesse qui augmente le plus est celle qu'on peut appeler la richesse irresponsable : richesse peu surveillée et peu contrôlée par l'opinion, richesse sans contact immédiat avec le devoir. Quand la principale forme de la propriété était la possession de la terre, la richesse et la condition des gens se développaient en même temps et étaient visibles à tous. A chaque instant, elles étaient mises en présence du devoir, et comme la négligence de ce devoir ne pouvait échapper à l'œil du public, la responsabilité des riches, quoique limitée, était bien réelle. Ce n'est pas seulement l'étendue, mais l'irresponsabilité de la richesse, dans ses formes actuelles, qui est le sujet de cet article. Voici, pour éclaircir ce point important, des chiffres du « *Statistical Abstract* ».

Des chiffres cités par M. Gladstone, il résulte que le capital de l'Angleterre ne doit pas être évalué à moins de 10 à 12 milliards. Il en tire cette conclusion que si la nation prise en son entier, riches et pauvres, consentait à consacrer à la bienfaisance seulement dix pour cent de son revenu, le total ainsi distribué par les individus, « pour l'honneur de Dieu et le bien de l'Humanité », s'éleverait au chiffre énorme de 130 millions, tout en laissant encore à la fin de l'année une augmentation de 70 millions pour les réserves des riches.

Et M. Gladstone reprend :

« Mais revenons à M. Carnegie et à son récent appel à la classe riche. Il a traité cette question en deux articles, d'abord imprimés en Amérique, et réimprimés, avec de légères variantes, en Angleterre, sous maintes formes. Des brochures furent mises en vente et distribuées gratuitement. L'exemplaire entre mes mains fait partie du cinquantième mille. Ce millionnaire, fils de ses œuvres, attaque le problème de la richesse avec plus de hardiesse que tout autre écrivain. Il peut avoir, comme chacun de nous, ses faiblesses, mais il possède, au suprême degré, le courage et la franchise. Sa générosité s'exerce avec modestie et simplicité, elle est continue et magnifique.

« M. Carnegie n'est ni un ascète, ni un socialiste. Il débute en observant que le progrès des arts et des industries a considérablement élargi l'intervalle qui sépare les classes supérieures des classes ouvrières. Pourtant, il pense que là où le maître a tant gagné, le serviteur a gagné quelque chose, et « qu'un retour aux anciennes conditions amènerait la ruine de la civilisation ». Le luxe, comme il le conçoit, fait vivre l'Industrie ; et l'industrie est à la Société humaine ce que le mouvement est à l'air et à la mer. M. Carnegie défend donc sa situation de colosse de l'Industrie. Il considère les affaires faites sur une vaste échelle, et les fortunes énormes, comme une évolution normale, et comme une des conditions essentielles de la Société moderne. Il parle des divers échelons de l'échelle sociale avec l'autorité d'un homme qui les a tous franchis, et, avec un esprit libre et impartial dont les hommes tels que lui ne sont pas toujours pourvus. Les grands changements produits par les inventions et les découvertes ont eu pour résultat de remplacer la rareté et la cherté des produits de toute nature par l'abondance et le bon marché, et d'améliorer leur qualité. L'ouvrier d'aujourd'hui a la vie plus douce que le fermier, d'il y a quelques générations. Il en est de même du fermier par rapport au propriétaire, du propriétaire par rapport au roi. La reine Elisabeth, je crois, déjeunait de bière et de beefsteack. Pour que le squire de nos jours se contente d'un tel menu, il faudrait que l'agriculture fût tombée bien bas.

« Pour ces avantages, nous payons un prix considérable. Les liens et les relations entre hommes qui étaient strictement humains, sont devenus, dans une large mesure, mécaniques. Plus que jamais le patron ne connaît l'employé que par son travail. Mais, si pénible que soit cet état de choses, M. Carnegie l'accepte avec résignation, parce qu'il est inévitable, et avec joie, parce que, tout bien examiné, il est avantageux. Organisation, concentration, concurrence, survivance du meilleur, élévation des conditions matérielles et générales de la vie, toutes ces choses se tiennent et ne peuvent être séparées. Aussi cé moderne Cyclope fait travailler avec une conscience tranquille, ses vingt mille ouvriers, et, chaque matin,

on expédie de ses usines, des wagons chargés de coke qui ont un mille de long. Le millionnaire, en tant que millionnaire, a sa place
dans le monde, et n'a aucune raison d'en
rougir.

« Mais la richesse ainsi accumulée légitime-
ment (M. Carnegie parle de la richesse et non
de l'aisance), constitue quand elle est bien
comprise, un poids lourd sur les épaules de
celui qui la possède, M. Carnegie étudie le
moyen de se débarrasser de la partie de cette
richesse qui ne peut être, ou qui d'ordinaire
n'est pas dépensée. Il ne s'occupe ni du joueur
ni du glouton, ni de l'ivrogne, ni du sybarite.
Probablement l'Amérique connaît moins que
les sociétés plus vieilles, cette classe d'hommes,
misérable entre toutes, pour qui le mot surplus
ne peut jamais exister. Si vaste que soit la
richesse des hommes de cette classe, si
attrayantes que soient les obligations de rang,
de traditions, des relations sociales, ils n'ont
jamais songé depuis leur jeunesse qu'à jouir
de cette richesse. Tout cela, sans qu'ils
en éprouvent le moindre remords, sert à la
seule satisfaction de leurs désirs.

« M. Carnegie s'occupe d'une classe plus

calme, sinon moins endurcie. Il indique aux gens de cette classe trois moyens de disposer de leur surplus. Ils peuvent le laisser à leur famille, ou le léguer à des œuvres d'intérêt public, ou bien le distribuer eux-mêmes, leur vie durant.

« Laisser à sa famille la fortune qu'on a amassée, c'est suivant M. Carnegie, la moins raisonnable des trois manières d'en disposer qu'il indique. Il la compare au droit d'aînesse. Il y voit un moyen de flatter la vanité du père par la perpétuité du nom. Le tableau offert par l'Europe contemporaine, lui apparaît comme la preuve de l'insuccès de ce moyen, et la preuve qu'une grande fortune est pour nos enfants, à la fois, un fardeau et un désavantage.... Mais la situation est différente quand la besogne du père est continuée par ses descendants, comme dans le commerce, dans l'industrie, ou dans toute autre entreprise, dans une grande maison d'édition par exemple.

« Cette réserve s'étend bien au-delà du champ des affaires. En cette année 1890, nous avons un premier ministre dont les ancêtres occupaient pour le plus grand bien de l'Angleterre, le même emploi, il y a dix générations. N'est-ce pas là un bien ? Cette tradition de famille n'est-elle pas une garantie de son attachement à l'honneur et aux vertus publiques ? Une telle parenté n'a-t-elle pas parfois pour résultat de stimuler une conscience qui n'est pas encore totalement éteinte ou qui s'éveille ? Ne nous présente-t-elle pas un objet de vénération naturel, impérieux, et la vénération n'est-elle pas un des devoirs les plus fermes et les plus infaillibles de la Société humaine, aussi bien qu'un des éléments les plus délicats du caractère humain ? Cette tradition possède quelques-unes des puissances si justement attribuées par Tennyson à l'amour púr, la puissance

D'enseigner de hautes pensées, de douces paroles.

L'élégance, le désir de la gloire,

Et l'amour de la vérité, et tout ce qui fait un homme.

« Nous avons le devoir dans cette vie de favoriser tout ce qui rend le bien plus facile, et de placer des barrières de toutes sortes, sur la route fleurie du péché. Il peut y avoir d'autres obstacles au bien et les barrières peuvent être franchies. Avec toutes nos ressources, nous sommes encore bien pauvres, et nous ne pouvons nous permettre de négliger la moindre d'entre elles.

« Vais-je trop loin en affirmant que la transmission héréditaire de la richesse et de la situation, jointe aux obligations du métier et à la responsabilité, est une bonne et non une mauvaise chose? Je suis heureux de la trouver chez nos marchands, chez nos banquiers et nos éditeurs. Je souhaiterais qu'elle fut plus commune chez nos grands industriels capitalistes. J'espère que ceux qui sont sur les bancs de l'école vivront assez longtemps pour la trouver chez les descendants de M. Carnegie lui-même.

« Plus grand, plus important et plus difficile encore est le problème de la transmission héréditaire de la terre.

« Ce sujet est trop vaste pour être discuté complètement ici. J'avoue que l'opinion de M. Carnegie a pour elle plus d'un scandaleux et coupable spectacle. Cette partie du sujet est la plus importante, à cause de la prodigieuse diversité et de la solidité des attaches, au moyen desquelles le propriétaire foncier soude ensemble toutes les parties de l'édifice de la Société rurale. Elle est aussi la plus délicate et elle le restera, même quand nous nous serons débarrassés des maux inhérents aux substitutions, car il est aisé d'échapper au devoir, et les formes de ce devoir ne sont pas de nature à s'imposer par elles-mêmes à un esprit faible ou perverti, tandis que les moyens de se procurer des plaisirs égoïstes peuvent être développés à l'infini, en faisant exécuter son travail par d'autres. Notre système de propriété foncière peut disparaître, par suite de graves abus, ou il peut être maintenu par les qualités nécessaires et éminentes de ceux qui lui font honneur ; mais il implique dans une large mesure ce que les français appellent la *famille-souche* (1), cette cohésion, cette solidarité et cette affection des gens qui, à leur tour, constituent des liens solides pour les Sociétés en général. M. Carnegie a sans doute beaucoup à dire contre ce système. Mais, quand on établit un rapport entre un pays de richesse ancienne et un pays de richesse nouvelle, il faut tenir compte du plus et du moins, et, peut-être admettra-t-il que la vérité n'est pas toute entière de son côté.

(1) En Français dans le texte anglais.

L'impartialité me fait un devoir de reconnaître qu'il admet une exception à sa règle. Quand des fils ont été élevés dans l'oisiveté ou pour l'exercice de fonctions publiques, sans préoccupation de gain, — et de ces derniers il dit « qu'ils sont le vrai sel de la terre » —, ces fils doivent être dotés « avec modération »...

« ... M. Carnegie déclare que les droits imposés à la mort constituent la forme de taxation la plus sage. Il note avec plaisir une disposition grandissante à taxer de plus en plus lourdement les biens importants laissés par testament. Il pense qu'il est difficile de fixer la part des biens, qui, à la mort d'un homme riche, doit revenir au public. Il considère, bien entendu, que ces taxes devraient laisser intacts les dons modestes qu'on fait à des gens qui en ont besoin. Il fixe à la moitié la part que l'État pourrait avec justice prélever sur le trésor du millionnaire.

« Si cette proportion lui semble trop pénible, le millionnaire a un remède à sa portée. Qu'il distribue son argent, pendant qu'il est en vie, avant d'y être poussé par la crainte d'une fin prochaine. En agissant ainsi il peut narguer un Trésor avide. Mais avant de continuer l'examen de la méthode chère à M. Carnegie, examinons rapidement, sous quelques-uns de ses côtés, ce genre de legs qui est plus répandu chez nous qu'aux États-Unis, et qui, je crois, mérite une critique plus sévère que celle qu'il reçoit ordinairement.

« Tout d'abord, il est entendu qu'aucun blâme ne saurait être encouru pour les dons minimes qu'on lègue par testament, à des amis, à des serviteurs, ou à d'autres personnes du même genre, dons qui souvent tirent leur mérite de cette occasion même, ou n'avaient pas leur complète raison d'être, avant ce moment solennel. Et même dans ce cas, on a certainement le droit de demander si l'on ne ferait pas mieux de se contenter d'instructions générales et de s'en rapporter pour les détails à la sagesse d'exécuteurs testamentaires. En dehors de ces cas, il me faut admettre que les blâmes de M. Carnegie sont justifiés, et que ces legs, à de certains points de vue, engendrent un mal moral. Comme je ne doute pas que cette idée paraisse à beaucoup de personnes fantaisiste ou extravagante, je vais faire connaître quelques-unes des raisons sur lesquelles elle repose.

« Mon premier grief contre cette habitude,

c'est qu'elle fournit un moyen facile et séduisant d'échapper au sentiment d'abnégation qui est nécessaire pour nous faire abandonner, notre vie durant, une part équitable de notre fortune.

« De plus, nous avons la mauvaise habitude d'assigner à ces dispositions posthumes un caractère de vertu auquel elles n'ont aucun droit. Ce qui nous est arraché par l'étreinte de la mort, nous ne pouvons, en aucune façon, dire que nous l'avons donné. Et pourtant on nous parle de la générosité et de la munificence de A et de B, on nous annonce que tel et tel hôpital a été entièrement fondé aux frais et dépens de C. En réalité, il n'y a eu ni générosité ni munificence, car ce qui est donné doit pouvoir être remis de la main même des donateurs. Or, ici rien n'a été reçu de leurs mains, puisque tout ce qu'ils possédaient en était déjà sorti. On ne saurait non plus parler de « frais et de dépens », car quand un homme est mort, il ne peut pas plus dépenser son argent que se promener dans Bond Steet ou Hyde Park. Pendant que j'écris ces lignes, je vois dans le journal du jour, divers paragraphes, sous ce titre en grosses lettres « Magnifiques legs ». De quoi s'agit-il ?

10.

J'esquisse sommairement un des cas. Une dame meurt en possession de soixante-dix ou quatre-vingt mille livres sterling. Je suppose (ce qui n'est pas toujours exact) qu'elle est dégagée de toute obligation à l'égard d'individualités. Elle dresse, peut-être avec beaucoup de soin et de travail, une liste d'institutions charitables. Elle assigne à chacune d'elles 500, 1.000, 2.000 ou 5.000 livres, et elle quitte le monde louée et admirée. Je prétends qu'elle n'a aucun titre à l'admiration. Elle n'a rien donné à ces institutions. Si, comme je veux bien le supposer, son revenu tout entier était nécessaire pour ses dépenses annuelles, que ne pourvoyait-elle à ces dépenses, en plaçant une partie de son capital en rentes viagères, et, que ne distribuait-elle le reste, sa vie durant, quand l'occasion s'en présentait? Alors, il y aurait eu don, probablement sans louanges, au lieu de louanges sans don, comme c'est le cas.

« Nous sommes ici en présence d'une fausse attribution de vertu, qui est, chez nous, non pas occasionnelle, mais systématique. Certes, quand on y réfléchit sérieusement, c'est là un mal réel et grave. Quand nous tirons vanité de vertus réelles, au lieu de nous souvenir que nous

sommes des « serviteurs indignes », cela est
déja un assez grand danger, mais se parer de
fausses vertus est la pire sorte « d'adoration
d'images » que je connaisse. Je crains qu'une soumission servile à l'habitude, qu'une idée fausse
de la bonté, ne nous fassent entretenir à notre
insu, et, sous de fausses apparences, une cause
de véritable démoralisation. Nous ne devons
pas non plus oublier que, le désir de laisser
après notre mort des sommes aussi importantes que possible, peut nous pousser à pratiquer,
durant notre vie, à l'égard de louables objets,
une parcimonie indigne. Certes, il y a des cas
incontestés, même notoires de réputations
faites, après leur mort, à des personnes qui,
leur vie durant, étaient au-dessous même des
mesquines habitudes qui si souvent sont la
règle parmi les riches.

« Les legs fournissent aux riches la tentation
de déjouer, après leur mort, l'action libre et
salutaire de l'opinion publique, en assurant à
leur fortune des usages qui influent sur cette
opinion d'une certaine manière conforme à
leurs vues privées.

« Assurément nous avons tous le droit et le
devoir d'agir sur l'opinion publique, et, au

moyen d'institutions ou de tout autre façon, de la remettre dans la bonne direction quand nous la croyons égarée. Durant notre vie, nous obtenons ce résultat, au moyen de ressources qui sont bien à nous. Le fait que nous les distrayons de notre usage personnel, est pour le public, jusqu'à un certain point, une garantie contre tout acte irréfléchi. En même temps, nous voyons nos plans à l'œuvre, nous apprenons à connaître leurs points faibles et nous pouvons les corriger. Avec la générosité facile des dispositions testamentaires et cette garantie contre un acte irréfléchi et cette occasion d'amélioration, disparaissent entièrement.

« Ces remarques que je soumets à la réflexion de mes lecteurs visent un système qui a l'opinion pour lui, et qui par suite séduit les gens. Un blâme à l'adresse de personnes qui ont été poussées dans une voie mauvaise par la coutume pourrait être fort injuste, et en tout cas, il est complètement en dehors du but que je me propose ici.

« ... Telles sont les idées de M. Carnegie sur l'usage de la richesse et chacun sait qu'il les met en pratique. Nul, je pense, n'a l'autorité nécessaire pour les recommander, s'il n'agit pas de même. Ma tâche est plus humble. Elle consiste à essayer de faire connaître ces idées de façon définitive aux personnes qui les ignorent encore. A certaines, elles causeront peut-être une vive surprise. Comme saint Paul aux Athéniens, je leur ferai l'effet « d'un homme qui annonce d'étranges dieux », ou des idées non moins gênantes que ces dieux. Cet évangile, par ses conditions mêmes, ne s'adresse qu'à une minorité. Il concerne l'emploi de ce que l'on peut appeler des « excédents gigantesques pour des usages importants ». Une très petite proportion même des gens fort à leur aise, ont de tels excédents à leur disposition, et, parmi eux, peu sont capables de découvrir ces usages importants, ou seulement de les choisir. Par suite, nous pourrions, après avoir accordé une admiration facile à un noble système, conclure en toute tranquillité qu'il ne s'applique pas à notre cas et nous rendormir. C'est ce qu'il serait bon d'éviter. Le plan peut être muet pour nous, et avoir, pour des milliers de gens, la sonorité d'une trompette. Je ne saurais donc quitter ce sujet sans offrir, malgré toute mon indignité, mon·humble avis. Que le grain semé par M. Carnegie produise trente pour un, s'il ne peut produire soixante ou cent. Le sujet est sérieux et nous concerne tous.

« Les riches de notre nation distribuent-ils une part suffisante et convenable de leurs revenus ? Assurément non. Mais qu'est-ce qu'un riche ? Pour répondre à la question, il faut commencer par exclure de ce terme général et vague, tous ceux qui sont entièrement ou partiellement dispensés de *l'Income-tax*. Au-dessous de cette ligne, bien entendu, le principe est applicable ; mais là le mal est probablement moins grand et moins manifeste. Au-dessus de la ligne, le mot « riche » a des degrés différents. Il suit l'échelle des revenus, et, bien entendu, il s'applique surtout aux possesseurs de ce que j'ai appelé la « richesse irresponsable ». Dans ce cas, le possesseur a en effet, une liberté plus grande d'en disposer, et il est moins sous l'influence du voisinage, de la tradition et des exigences ordinaires. La pire richesse est probablement celle du propriétaire foncier qui passe, ou essaye de passer, ses revenus dans la catégorie des revenus irresponsables, grâce à un absentéisme systématique. Ce cas, à l'exception d'une réelle nécessité (qui le plus souvent n'est que temporaire), a des effets si nuisibles qu'il est impardonnable et irrémédiable.

« Pour avoir une base de discussion, fixons à un dixième le montant de ce que l'on peut prélever six ou sept cent millions de nos revenus. Examinons d'abord la différence entre le possesseur de biens d'aujourd'hui et celui d'il y a six ou sept cent ans. A cette époque, il y avait peu de richesses qui ne fussent soumises à une dîme grande ou petite. Le dixième prélevé sur le produit brut, peut être considéré comme représentant le cinquième du produit net. Et on a le droit de se demander, si en Angleterre ce capital était administré de façon à débarrasser les laïques de toute autre obligation, à l'égard des pauvres. Ces remarques superficielles ont pour but d'indiquer que la richesse d'aujourd'hui subit moins de charges, est plus facile à accumuler et à dépenser pour des plaisirs personnels, que ne l'était celle de nos ancêtres lointains.

« De plus, les six ou sept cent millions que nous considérons, ne sont soumis qu'à des prélèvements modérés, pour les dépenses du gouvernement. Sur les 89 millions qui constituent le revenu impérial pour 1889-90, pas plus de 73 ne proviennent de taxes, et, sur ces 73 millions une large part, peut-être la moitié, tombe sur la classe la plus pauvre qui reçoit l'autre moitié du revenu public. Après avoir tenu compte des taxes locales, nous sommes en droit de supposer que les onze douzièmes des revenus des riches sont libérés de toutes dépenses gouvernementales. Quelle pauvre figure tous les dons connus ou supposés de cette classe, considérée dans son ensemble, feraient à côté des soixante ou soixante-dix millions qui forment la dixième partie du total de ses revenus !

« Qu'il y ait de grands et scandaleux oublis du devoir, cela ressort nettement de l'expérience générale des agents et administrateurs des entreprises de charité, qui continuellement se plaignent que les donateurs ne forment qu'une partie de la nation, et que la plupart des gens riches posent sur leur argent une griffe qui ne se desserre presque jamais. Et pourtant l'avarice endurcie et consciente est une chose si odieuse, elle blesse si vivement tout ce qu'il y a de bon, ou seulement de supportable dans notre nature, que nous devons raisonnablement supposer que c'est une malédiction infligée comparativement à peu de gens. La grossière méconnaissance du devoir qui règne parmi nous est probablement due à diverses influences, au premier rang desquelles se trouvent l'ignorance et l'insouciance. Dans la plupart des cas, l'amour du plaisir, et dans quelques-uns la simple cupidité profitent de toutes les occasions que leur fournissent ces influences, elles mettent la main sur tout ce qu'elles peuvent saisir et détruisent toute chance de générosité. Il faut excepter les quelques cas où le besoin de ces dons est si clair, si manifeste et si poignant qu'il ne peut être méconnu sans mériter l'opprobre publique, ou sans donner de l'inquiétude et de la honte, même à la conscience la plus endurcie. Si donc l'irréflexion, dans quelques-unes de ses nombreuses formes, est la principale cause du mal présent, il s'agit de savoir si l'on peut, par la force ou par la persuasion, obliger des hommes, au moins dans ce cas, à *réfléchir*.

« Il existait dans ce pays, il y a environ vingt-cinq ans, sous la présidence de Lord Carlisle, mieux connu comme Lord Morpeth, une institution appelée, je crois, l' « Universal Beneficent Society », dont le but était de s'occuper de ce grand sujet, — grand au point de vue matériel, presque incommensurable, au point de vue moral. Je suis] obligé d'en parler de mémoire. Son fonctionnement me fut expliqué par un M. Carter, alors son agent. C'était une association de personnes qui prenaient toutes l'engagement d'honneur de donner chaque année une certaine partie déterminée de leurs revenus. Cette part était, bien entendu, fixée par elles-mêmes. L'exécution de l'engagement n'avait d'autre garantie que l'honneur du contractant. Mais nul n'avait la moindre raison de le prendre, s'il n'avait l'intention de le tenir. L'engagement ne permettait aucune intrusion dans le sanctuaire intérieur de l'esprit, mais peut-être permettait-il, de temps à autre, de rappeler aux contractants leur promesse, de les tenir au courant de la situation de la Société et du nombre d'adhésions nouvelles.

« Cette institution, au but si grand ne reçut qu'un appui limité... Elle m'avait tout d'abord paru admirable, mais en y réfléchissant je découvris un grave défaut dans sa constitution. Elle était limitée au cercle de ce que M. Cather appelait « Evangelical Protestantism » Fut-ce cette restriction qui l'empêcha de s'étendre ? Etait-elle destinée, pour tout autre raison,

à une fin malheureuse ? Je l'ignore. Mais elle
a été désagrégée, sinon supprimée. Je ne connais actuellement, sous ce nom, qu'une Société
ayant son siège à Soho Square. Elle se'recommande de noms honorables, mais son but est
tout à fait différent. Elle s'occupe uniquement
de fournir à des personnes besogneuses et méritantes, une rente annuelle.

« L'abandon du projet initial, malgré ses droits
à l'antériorité et à l'originalité, est un avantage,
en ce sens qu'il débarrasse complètement de la
difficulté religieuse ceux qui seraient tentés de
renouveler la première expérience, dans des
conditions mieux étudiées. C'est à coup sûr
un grand avantage pour un tel projet,
que de permettre l'union et la coopération de
tous, sans compromis d'aucune sorte. Le Protestantisme, en tant que religion, l'Évangélisme ou tout autre secte religieuse, n'ont rien
à voir en cette affaire. Si la résolution d'agir,
comme je l'ai dit déja, ne peut être prise au nom
du Christianisme ou de quelqu'autre religion
historique, qu'elle soit prise au nom de l'altruisme, qui, paraît-il, doit remplacer toutes les
religions. Il s'agit d'établir une enceinte si petite
soit-elle, d'où l'égoïsme sera soigneusement

banni. Assurément cette condition n'a rien de commun avec une croyance religieuse. La porte de l'enceinte est assez large pour permettre l'admission de tous les *ismes* et de toutes les *ologies*. Que les orthodoxes et les hétérodoxes, que les croyants et les athées, y viennent. Qu'ils se lancent dans une concurrence saine et vigoureuse, quoique secrète, pour l'honneur du Bien, s'ils croient au Bien, et s'ils n'y croient pas, pour l'honneur de ce à quoi ils croient et de ce que pour quoi ils ont de la vénération (1).

« Dans l'un ou l'autre cas, ils trayailleront au bien de leurs semblables et au resserrement des liens, souvent si tristement relâchés, qui devraient les unir.

« Le but à atteindre est d'engager toute personne de bonne volonté à ouvrir un compte avec sa conscience, afin d'arriver en matière de générosité, à un arrangement convenable. Elle doit prélever sur ses biens, la part qu'elle croit

---

(1) Je ne dirai pas en honneur de la locomotive. Mais je sais que dans certains districts lointains de l'Inde, ou l'instruction n'a pas pénétré, on a vu des locomotives recevoir l'offrande de noix de cocos et de fleurs.

juste de consacrer à des usages autres que ses propres nécessités ou convenances, et celles de sa famille. Il n'est pas douteux que certaines personnes aient déjà fait, dans cette direction, des efforts efficaces, d'autres des efforts partiels. Ce qui est nécessaire, c'est premièrement d'éveiller, au besoin par l'inquiétude, les consciences de ceux qui ne font aucun effort de ce genre ; secondement d'améliorer et de fortifier les efforts faibles et incertains, afin d'étendre leur cercle d'action et d'assurer leur durée ; troisièmement de faire en sorte que les exemples de ceux qui ont déjà agi de leur mieux, ou a peu près, stimulent et aident d'autres personnes ; et, enfin de fortifier et de consolider le tout, par le puissant principe de l'association mutuelle.

« Sans aucun doute, un appel de cette sorte s'adresse spécialement aux membres de l' « Established Clurch » de notre pays. Ces années dernières, de très louables efforts ont été faits pour lutter contre la léthargie qu'une allocation de l'État à notre clergé, avait contribué à produire, en faisant ressortir l'humble et maigre pitance de beaucoup de membres de l'ordre, en faisant revivre l'offertoire hebdomadaire, et en revendiquant haute-

ment pour eux, le devoir et le privilège de la
charité. On peut difficilement révoquer en doute
que les membres des autres corps religieux,
qui constituent une part si considérable de la
population, connaissent mieux et pratiquent
mieux le devoir de la charité, au moins en ce
qui concerne les obligations directes de leur
profession religieuse. Pour trouver le plus
noble exemple de charité collective de ce genre,
connu des temps modernes, dans notre pays
ou dans tout autre, nous devons nous tourner
vers l'histoire du début de la « Free Church »
d'Ecosse, après la rupture, en 1843. En tout
cas, il n'existe probablement pas de communauté religieuse qui ne compte beaucoup de
membres inférieurs à leurs devoirs. Quant
à la plus grande partie de la classe riche, son
insuffisance est visible et immense. Une petite
agitation peut faire beaucoup de bien. Certes,
elle ne débarrassera pas la richesse de ce
qu'elle devrait craindre par dessus tout, je
veux dire de ces influences à la fois subtiles et
délétères, qui inspiraient à Saint-Paul des repro-
ches ardents et éloquents. Mais elle déchirera le
voile d'ignorance et détruira l'insouciance. Elle
nous mettra face à face avec des faits vrai-

ment formidables, et ainsi elle amendera tous les cœurs qui ne sont pas arrivés à une complète indifférence morale et sociale.

« Il est bien entendu que l'essai immédiat que j'ai eu vue dans ces remarques comporterait la plus petite dépense possible. Il s'agirait de fonder (si je puis faire cette distinction) une association, non une société, de contracter un engagement d'honneur qui n'impliquerait entre les contractants aucune action publique quelconque. Ceux-ci souscriraient un engagement qui n'aurait aucune force légale et aucune sanction morale si ce n'est l'action de la conscience privée dans le *forum* intérieur. Chaque membre s'engagerait à donner une part de son revenu annuel, part fixée par lui-même, modifiable à son gré, et qui, modifiée ou non, ne serait pas rendue publique. S'il ne connaît pas exactement son revenu, qu'il s'accorde une marge, et s'il le juge convenable, qu'il l'estime à ce qu'il sait être le minimum.... Il se rappellera qu'il s'est seulement engagé à ne pas donner moins que la proportion qu'il a fixée. Cela ne l'empêchera pas de donner plus. On est en droit d'espérer qu'avec la pratique ses idées s'amélioreront. La charge disparaîtra dans le privilège. Il apprendra que la Charité ainsi que le pardon est une bénédiction pour celui qui la fait tout comme pour celui qui la reçoit, et même que faite d'une certaine manière, elle est une bénédiction plus grande pour le second que pour le premier. Il peut être bon de spécifier quelques-uns des avantages accessoires qu'on doit attendre de cette méthode particulière, non de faire des dons (car notre choix des moyens resterait tout aussi libre qu'auparavant), mais de stipuler ces dons. J'en citerai un ou deux. D'abord, elle nous placera dans une honnête coopération avec ceux dont nous différons. C'est là un grand bien qui tendra à adoucir toutes les aspérités que les différences d'opinion engendrent. Deuxièmement, une certaine dignité sera conférée aux économies de ceux qui trouvent nécessaire et conforme à leur nature d'en faire. Ces économies perdront leur caractère de bassesse si elles servent à alimenter un fond consacré à un but déterminé. Troisièmement, qui de nous, lorsqu'il recevait des demandes de secours par lettre, n'a souvent éprouvé du chagrin en trouvant son intérêt personnel aux prises, même avec un demandeur d'un mérite douteux? Avec le pro-

jet que nous préconisons en ce moment, le sol-
liciteur s'adresse à un fonds de secours, non
aux sommes réservées pour notre agrément
personnel ou notre plaisir. De la sorte nous
pouvons nous offrir le luxe de le traiter
sans parti-pris, et, si c'est nécessaire, de le
repousser avec une conscience tranquille, puisque ce refus ne nous rendra pas plus riches.

« Je n'ai pas pris sur moi de faire à mes
compatriotes une proposition visant leur façon
de vivre actuelle, sans m'être assuré que dans
plus d'une sphère influente, il existe un désir
de voir mettre à l'essai quelque expérience de
la sorte, et même de lui donner un énergique
appui. Du travail de correspondance nécessaire
à l'organisation et au fonctionnement d'une
telle œuvre, je ne saurais me charger, mais je
suis prêt à recevoir toutes les adhésions à l'idée
générale qu'on pourrait être tenté de m'envoyer,
et je prends l'engagement (c'est le seul que je
prenne) de faire des efforts suffisants pour
obtenir un commencement d'exécution pratique, qui tout au moins empêcherait les bonnes
résolutions d'avorter totalement ».

(J'ignore si cet appel a été entendu et si
l'effort de M. Gladstone n'a pas été vain).

Discours « Rectorial »

*Prononcé devant les étudiants de l'Université de
Saint-Andrews, le 22 octobre 1901.*

UN DISCOURS « RECTORIAL » (¹)

Quand M. Carnegie fut élu il y a deux années environ, recteur honoraire de l'Université de Saint-Andrews en Ecosse, il prononça devant les élèves de cette Université un discours dans lequel il étudia « les changements économiques qui se sont produits, ou sont à la veille de se produire, dans la situation et la puissance respectives des nations ».

Il commença par rendre hommage à l'Angleterre où l'industrie moderne prit naissance, grâce à Watt qui inventa le moteur à vapeur,

(1) Ce discours est un des derniers que prononça M, Carnegie.

à Symington et à Stephenson qui l'appliquèrent aux navires. Telle est la trinité qui créa le monde matériel moderne. M. Carnegie remarque, avec une satisfaction non déguisée, que « ces trois magiciens » étaient des écossais. Grâce à leurs inventions, l'Angleterre jouit d'une incroyable prospérité. À l'aube de cette prospérité, Cobden et Bright procurèrent aux travailleurs la nourriture à bon marché, ce qui « stimula l'industrie et assura la supériorité de l'Angleterre ».

« Les théories de ces grands hommes et de leur école, dit M. Carnegie, étaient justes à leur époque. Un de leurs principes était que les diverses nations du monde ont été créées avec des qualités et des ressources différentes, si heureusement distribuées qu'elles se complètent mutuellement. Le rôle échu à l'Angleterre était évidemment de manufacturer les matières premières des autres pays... Le commerce devenait ainsi une chaîne d'or destinée à unir les nations dans la paix et une bienveillance réciproque. Cette séduisante théorie n'avait qu'un défaut, mais il était mortel. Les divers membres de cette union n'étaient pas satisfaits du rôle qui leur était échu. Chaque nation désirait vivement développer, autant que possible, ses propres ressources et manufacturer ses propres matières premières. Aucune ne voulait faire l'office de « scieur de bois et de porteur d'eau » pour une autre nation. Toutes voulaient « jouer le rôle d'Hamlet ». Toutes, à l'instar de ce qui se passe dans les meilleures troupes d'acteurs, crurent que la nature les avait destinées à jouer le rôle principal. Les machines automatiques et les méthodes scientifiques qui, dans une large mesure, apportaient la solution du problème de la main-d'œuvre habile favorisèrent ces ambitions. Quelques contre-maîtres Anglais ou Américains sont toujours prêts à établir des usines dans n'importe quelle partie du monde, et à transformer les indigènes en des ouvriers satisfaisants. Dans mes voyages autour du monde, j'ai soigneusement noté ce fait gros de conséquences. J'ai vu les Péons du Mexique tisser du drap dans des filatures et travailler dans des usines de fer ou de papier, pour un salaire quotidien de deux ou trois shillings en argent, ne valant que la moitié en or. J'ai vu les Indiens, les Japonais et les Chinois faire d'excellente besogne dans les filatures de coton et de soie, les nègres des

Etats-Unis, devenir de bons ouvriers de mines et d'usines métallurgiques ; les Russes, les Hongrois, les Suédois et les Norvégiens devenir de bons travailleurs. Le siège de l'industrie est maintenant, et sera de plus en plus dans tous les pays où se trouvent les matières premières à des conditions avantageuses. Le Capital et le Travail ont perdu leur ancien pouvoir d'attirer les matières premières; aujourd'hui, ce sont les matières premières qui attirent le Travail et le Capital. Les conditions sont renversées. L'industrie du coton, par exemple, fut attirée de la vieille Angleterre à la nouvelle, elle est maintenant attirée de cette contrée aux Etats du Sud où se trouvent les matières premières. L'industrie du jute autrefois centralisée à Dundee, est maintenant établie dans l'Inde où se récolte le jute... De plus chaque nation considère comme le plus patriotique de ses devoirs, le développement de ses ressources. Voilà pourquoi le Canada accorde aujourd'hui une prime de douze shillings pour chaque tonne de saumon de fer, et pourquoi l'Australie a une échelle de primes, et a offert une prime importante à la fabrication des rails d'acier.

« Ces pays ne veulent pas être sous la dépendance de la mère-patrie, même pour les articles manufacturés. L'Allemagne, la Russie et l'Amérique ont des droits protecteurs. Toutes les colonies établissent des droits sur vos produits, et, procurent ainsi à leurs producteurs nationaux une protection indirecte.

« Un autre élément est entré en jeu. Les méthodes commerciales ont changé dans les vingt dernières années. L'industrie surtout a été révolutionnée par de nouvelles inventions, par des améliorations dans les machines, par une demande plus considérable. Les anciennes méthodes grossières ont été remplacées par une précision scientifique. Les jeunes contre-maîtres et directeurs viennent des écoles scientifiques. Les machines automatiques ont créé une nouvelle catégorie d'ouvriers plus intelligents que les anciens. La dimension des usines a décuplé. Au lieu de Sociétés se consacrant à une seule opération, nous avons des sociétés se livrant à toutes les opérations d'une industrie, depuis l'extraction du minerai jusqu'à la fabrication complète des objets.

« Ces usines construisent des chemins de fer, des navires, possèdent toutes leurs matières premières, sont leurs propres assureurs, fabriquent toutes les parties de leurs produits et tout ce qui est nécessaire à leur propre entretien.

« Successivement, des succursales et de nouvelles branches sont fondées. Vingt petites sources de profits, inconnues du petit producteur du passé, alimentent la source principale. Les perfectionnements se suivent si rapidement que certaines parties des grandes usines sont en continuelle reconstruction. Ce nouvel état de choses est très désavantageux pour les anciennes usines, surtout si elles sont montées par actions ; car il est difficile d'obtenir de nombreux petits propriétaires le capital nécessaire aux perfectionnements. De là une infériorité pour les vieux pays, principalement pour l'Angleterre qui ouvrit la voie à l'industrie, et un avantage pour l'Amérique, pays neuf où tout était à créer.

« Les causes que je viens d'énumérer ont déjà modifié les situations de l'Angleterre et de l'Amérique, en tant que pouvoirs industriels. L'Amérique aujourd'hui produit plus d'acier que tout le reste du monde. Elle est aussi à la tête des nations pour le fer, le charbon, et pour les tissus de laine et de soie. Elle produit les

trois quarts du coton cultivé sur la surface de
la terre. La valeur de ses manufactures est
trois fois supérieure à la valeur des vôtres ; ses
exportations sont plus grandes. Les bourses de
virements de New-York font un chiffre d'affaires presque double de celui de Londres. L'Amérique vous fournit la plus grande partie des
produits alimentaires que vous importez. Ses
recettes de chemins de fer représentent les
deux cinquièmes des recettes du monde. Sa
richesse, son industrie et son commerce la mettent à la tête des nations et l'on peut prévoir
le moment prochain où elle occupera, pour
certaines branches de son activité, les fonctions que l'Angleterre occupait quand elle était
seule contre le monde entier. Elle occupe déjà
cette situation pour l'acier. Certes, on ne saurait s'attendre à ce qu'un seul anglais soit
satisfait de voir son pays perdre la première
place ; mais il doit se consoler en pensant
que la suprématie reste dans la famille. Le sort
de l'Angleterre n'est pas celui de Macbeth. Le
sceptre de la suprématie matérielle ne lui a
pas été arraché par une main étrangère. C'est
son fils aîné, l'héritier légitime qui porte la
couronne. Et ce fils ne saurait jamais oublier

sa mère à qui il doit tant, ni cesser d'être fier d'elle.

« La situation relative de l'Allemagne s'est aussi modifiée. Elle a fait de grands progrès. Son acier vient immédiatement après celui des Etats-Unis. Dans d'autres parties, elle a également marché à grands pas. Elle semble devoir serrer de près l'Angleterre; peut être, avant dix ans, occupera-t-elle le second rang des nations industrielles. Durant les 10 années qui ont précédé 1900, sa population a augmenté de 5 millions et demi, sa production de fer a presque doublé, et sa production de minerai de fer a passé de onze à dix-neuf millions de tonnes.

« Les autres pays, sous le rapport des principaux articles d'importation n'ont qu'une importance bien insignifiante à côté de ces trois là, mettant à part, bien entendu, la Russie, ce géant de l'avenir, dont les ressources latentes sont énormes, et qui se développe continuellement, grâce à l'augmentation de sa population et aux annexions de territoires limitrophes. Elle occupera une grande situation, mais peut-être ni de nos jours, ni durant la prochaine génération. Si elle reste unie, elle formera un continent sous un seul gouvernement comme l'Union Américaine, mais, autant qu'on en peut juger, avec des ressources et des avantages inférieurs. Plusieurs de mes collaborateurs y ont construit et dirigé des aciéries ; beaucoup de ses industries sont dans une magnifique période de développement. Sa production de fer a doublé durant les douze dernières années. En 1880, ses mines de charbon produisaient trois millions 'de tonnes, et en 1900, vingt ans plus tard, elles produisaient seize millions — une extraordinaire augmentation. L'industrie du coton s'est aussi développée durant cette période de vingt ans. Il est probable que la Russie subviendra bientôt à ses principaux besoins, si grands qu'ils puissent devenir.

« La Belgique, vu ses dimensions, est la plus surprenante de toutes les nations industrielles mais elle est trop petite, et elle a déjà atteint un développement trop complet pour jouer, dans le commerce du monde, un rôle plus important que son rôle actuel. L'étendue de son commerce surprend. Ses exportations et ses importations, par tête, excèdent de beaucoup celles de l'Angleterre. Ses exportations sont de 11.1/4 par tête contre 6.14 — presque le double.

Ses importations sont plus grandes encore.

« La France occupe une position unique. Il faut lui reconnaître, dans le domaine artistique, un monopole qu'il est presque impossible de lui enlever. Aussi longtemps que les femmes ne seront pas arrivées à la sagesse des hommes et qu'elles préféreront des toilettes luxueuses à des costumes simples et invariables ; aussi longtemps que les hommes ne seront pas aussi sages que les femmes, à l'égard des vins de ce pays, la France sera une nation de premier ordre, quoi qu'il soit peu probable que son commerce augmente.

« J'ajoute que la France est assurée de conserver cette situation, aussi longtemps que les français conserveront leur assiduité au travail, leur frugalité et leur aversion pour le jeu et la boisson qui sont les vices d'autres pays. Le commerce de soie de l'Angleterre est passé entièrement entre ses mains, et dans l'industrie des automobiles, elle occupe la première place, en Europe. On peut appliquer à la république Helvétique ce que j'ai dit de la France. C'est un petit centre industriel d'une extraordinaire activité. Les Suisses sont une magnifique race. On les a souvent appelés les Ecossais

de l'Europe continentale et ils sont hautement
appréciés en Amérique. »

M. Carnegie ne pense pas que, dans les conditions présentes, l'industrie puisse se développer au Canada, et encore moins en Australie.
L'industrie des tissus s'est implantée solide-
ment dans l'Inde, en Chine et au Japon, mais
il n'est pas probable que d'autres industries s'y
implantent, du moins dans des proportions
importantes. La lutte reste circonscrite entre
l'Angleterre, l'Allemagne et l'Amérique. La
France conservera le domaine qui lui est propre. Mais les petits pays augmenteront leur
production et subviendront à la plus grande
partie de leurs besoins.

M. Carnegie énumère les conditions nécessaires au triomphe dans cette lutte pour la
suprématie commerciale du monde. Le meilleur moyen de conquérir les marchés étrangers,
c'est de posséder un marché national avantageux. Tel est, selon lui, la condition première
et indispensable. Je lui laisse encore la parole :

« Dans le monde économique, *la loi du surplus*, comme je l'ai appelée, prend une importance de plus en plus grande. Des usines, par
des augmentations successives, ont atteint des

proportions gigantesques, pour la simple raison
que de nombreuses dépenses se répartissent
sur l'ensemble de la production. L'usine qui
donne aux hommes un travail constant, qui
ne chôme jamais, attire à elle les meilleurs
ouvriers et elle se les attache, ce qui est très
important. Le chef d'une très grande usine
peut, à certaines époques de dépression, accepter, pour des pays éloignés et même pour son
propre pays, des contrats à pertes. Il sait fort
bien que, tout compte fait, il lui coûtera moins
d'occuper ses ouvriers continuellement, que
de réduire leur travail ou de l'arrêter. De là
vient que les industriels possédant le marché
intérieur le plus avantageux, peuvent alimenter
les marchés étrangers, sans bénéfice, et même
à perte, quand cela est nécessaire (1). Mes paroles sont le fruit d'une expérience amère.
Durant la plus grande partie de ma vie, nous
avons eu à lutter sur nos propres marchés,
avec le surplus que l'Angleterre nous envoyait,
dans ses temps de dépression. C'était un grand

---

(1) Depuis quelque temps, le mot « dumping » est beaucoup
usité en Angleterre, surtout par M. Chamberlain, dans sa campagne fiscale. C'est le mot qui désigne l'opération décrite ici par
M. Carnegie.

désavantage pour nous et un grand avantage pour les industriels anglais. Les Etats-Unis occupent aujourd'hui cette même situation à l'égard de l'Angleterre et des autres pays industriels, parce qu'elle a le marché intérieur le plus grand et le plus avantageux, non seulement pour l'acier, mais pour la plupart des articles qu'elle produit.

« La question de la population vient en second lieu, car c'est elle qui règle la consommation intérieure. Il y a aujourd'hui soixante-dix-huit millions d'habitants en Amérique. Plus de 600.000 immigrants européens lui sont arrivés cette année. L'augmentation de sa population, de 1880 à 1890, fut à peu près trois fois plus grande que l'augmentation de celle de l'Angleterre...

« La population de l'Allemagne est de cinquante-six millions. Elle a augmenté de cinq millions 1/2, durant les dix dernières années. L'augmentation de la population de l'Angleterre a été de trois millions six cent mille. C'est un sérieux désavantage pour l'industrie de l'Angleterre que son marché intérieur ne puisse s'étendre aussi rapidement que celui de l'Amérique, où même de l'Allemagne.

« Il existe une troisième loi importante dont les effets sont bien visibles. De même que les matières premières attirent le Capital et le Travail, dans n'importe quelle partie du monde, de même les terres fertiles et vierges augmentent la population par les naissances et l'immigration.

« Il y a entre un marché intérieur et un marché extérieur, une grande différence, à laquelle, en Europe, on n'attache pas une attention suffisante.

« L'échange des produits profite à la fois à l'acheteur et au vendeur. Quand l'Angleterre consomme ses propres produits, l'acheteur et le vendeur sont anglais; quand elle fait des échanges avec l'étranger, l'un des deux contractants n'est pas anglais. De là vient qu'un commerce intérieur est doublement profitable. Et ce n'est pas tout. Quand les articles exportés, mettons des machines et du charbon, servent à développer les ressources ou les usines des pays importateurs et leur permettent d'entrer en lutte avec les pays étrangers, il y a désavantage pour le vendeur, excepté dans le cas où le bénéfice sur la vente est manifeste. Quelle différence, quand les machines sont

produites dans le pays même, et servent au
développement continuel des ressources intérieures !... Les hommes politiques attachent
beaucoup trop d'importance aux marchés
étrangers éloignés, qui ne sont jamais très
avantageux ; ils s'occupent trop peu des mesures
qui pourraient favoriser le marché intérieur
dont l'importance est infiniment supérieure.
Si chaque Anglais dépensait par an seulement
une livre sterling de plus, le commerce intérieur augmenterait de plus de la valeur totale
de toutes ses exportations, en Australie,
dans l'Amérique anglaise du nord et dans
la Chine réunies. En vérité, le commerce
étranger est un fanfaron qui fait beaucoup trop de bruit ; le commerce intérieur est
le vrai roi.

« Quand on étudie la situation industrielle
des nations, les importations et les exportations
sont trompeuses. L'attention excessive que leur
accordent les économistes de ce pays est surprenante. D'après leur système d'évaluer la
prospérité d'une nation par son commerce
étranger, la prospérité de l'Amérique serait
aujourd'hui en baisse, parce que les exportations de ses produits manufacturés ont baissé.

« Or, c'est là, au contraire la meilleure preuve de son extraordinaire prospérité. L'Amérique a besoin aujourd'hui, pour son propre développement, de la production entière de certaines branches de son industrie. Heureux pays que celui dont l'acier sert à construire ses propres chemins de fer, ses propres navires, etc. !

« Les habitudes, le caractère, l'intelligence et l'entrain des masses sont des éléments importants dans la lutte industrielle. L'allemand, chez lui et aux États-Unis, est un homme de grande valeur, persévérant, sobre, méthodique, accompli, ayant le respect de soi-même et des goûts domestiques précieux. Il est un admirable ouvrier et un admirable directeur. Grâce à la conscription, entre autres causes, nous avons eu à notre service des milliers d'allemands. Quatre d'entre eux sont devenus nos associés et ont gagné des millions de dollars. Ils avaient fui la conscription de leur pays. Le fils d'un allemand qui quitta l'Allemagne, en grande partie pour cette raison, est aujourd'hui à la tête d'une des plus importantes sociétés industrielles du monde entier. Nous sommes redevables à un allemand d'une précieuse invention. L'importance de l'allemand pour l'Amérique, peut diffi-

cilement être comprise par ceux qui ne la
connaissent pas par expérience. L'émigration
totale de l'Allemagne et de l'Autriche-Hongrie
est à peu près égale à celle de l'Angleterre et
de l'Irlande. Il est probable que si l'Angleterre a recours à la conscription, la République
recevra, en nombre beaucoup plus considérable
que jusqu'à ce jour, une classe d'émigrants
d'une valeur supérieure même à l'allemand.
Je veux parler de l'Ecossais. Elle recevra aussi
beaucoup plus d'Anglais de grande valeur
qu'elle n'en a jamais reçus.

« On a raison de croire que ce sont les
hommes les plus capables et les plus ambitieux
qui abandonnent leur pays. Pour se rendre dans
un nouveau pays et y débuter, ils ont dû faire
des économies, et ces économies sont la meilleure
preuve possible de leur valeur. Un émigrant de
cette sorte vaut mieux pour l'Amérique que
vingt Américains inertes.

« Un recensement a montré que plus de la
moitié des émigrants écossais choisissait la
carrière industrielle. Les trois plus célèbres
pionniers de l'industrie du fer aux États-Unis
étaient des Ecossais — Burden de Troy, Dick-
son de Scranton et Chilsons de Cleveland.

13.

L'Américain est supérieur à tous les autres hommes, parce qu'il est un composé du meilleur de toutes les autres nations, qu'il vit dans un climat et dans des conditions politiques ou sociales stimulantes au-delà de tout ce qu'on peut trouver ailleurs.

« Lorsque l'on compare l'Angleterre aux continents d'Europe et d'Amérique, sa situation industrielle, aussi bien que l'aisance et le bonheur de ses habitants, patrons et employés, n'apparaissent pas, sous des conditions très favorables. Les patrons ne consacrent plus aux affaires l'attention incessante, ni l'énergie, ni l'esprit d'entreprise, qui furent l'apanage des fondateurs de son monopole indiscutable du passé. Le plus souvent, ils ne voient dans les affaires qu'un moyen de pénétrer dans une classe plus élevée de la société. Les employés se préoccupent trop du minimum qu'ils doivent faire et trop peu du maximum qu'ils peuvent faire. Les deux classes en prennent trop à leur aise, en ces temps de concurrence si vive. Les patrons trouveraient de grands avantages à intéresser aux bénéfices leurs meilleurs employés. Plus ils donneraient, sous cette forme, plus ils recevraient. Le grand secret pour réussir dans les affaires et devenir millionnaire, c'est d'élever les meilleurs collaborateurs au rang d'associés. La lutte d'aujourd'hui entre le vieux et le nouveau pays ressemble à une lutte entre professionnels et amateurs. L'un des principaux avantages du Continent sur l'Angleterre, et de l'Amérique sur le Continent, c'est l'ouvrier. L'allemand lui-même est inférieur au composé d'anglais et d'allemand qui constitue l'homme d'un monde nouveau plus actif que l'ancien. Cet anglo-allemand peut ne pas être plus complet ou plus méthodique que l'allemand, mais il est plus actif et plus aisément transformable. Les salaires de l'ouvrier habile sont plus élevés en Angleterre qu'en Allemagne, mais ils ne le sont pas assez pour contrebalancer les facteurs que je viens d'indiquer. La différence entre eux est insignifiante en comparaison de la différence entre l'Angleterre et l'Amérique. Ce n'est pas la main-d'œuvre la moins chère, mais la plus chère qui assure la production à meilleur marché, à la condition d'être aidée par une direction scientifique et par des machines perfectionnées. Quelques-uns des principaux articles fabriqués en Angleterre, en Allemagne et en Amérique reviennent à meilleur marché dans ce dernier pays, bien que le prix de la main-d'œuvre soit double ».

M. Carnegie pense que les Anglais ne doivent avoir aucune crainte immédiate pour l'état actuel de leur commerce. Il compte que l'adversité réveillera chez eux les qualités endormies par la prospérité, et les débarrassera de certains défauts, au nombre desquels il place l'abus de la boisson, du jeu, du tabac et des sports violents. L'Angleterre pourrait produire elle-même beaucoup des objets qui lui viennent de l'étranger.

Un nuage noir obscurcit son horizon. L'épuisement de ses gisements de minerai de fer aura pour conséquence l'augmentation du prix du fer et de l'acier. Mais elle n'est pas la seule dans ce cas. L'Amérique elle-même n'a guère de minerai que pour un siècle. Il est vrai qu'on est en droit d'espérer la découverte de gisements nouveaux.

M. Carnegie fait remarquer que les maux résultant de la pauvreté sur lesquels on insiste tant, sont souvent inférieurs aux maux résultant de la richesse, que l'on passe sous silence. La décadence des grands Etats a pour cause, non pas la pauvreté et le besoin, mais le luxe avec son cortège de vices. Une Angleterre peuplée de gens qui, en plus des qualités de leur race, seraient sobres et industrieux comme les Français, les Allemands et les Américains, n'aurait rien à craindre de la concurrence des autres nations.

Je rends la parole à M. Carnegie :

« On nous parle de gigantesques « combinaisons industrielles », sur terre et sur mer, mais « la combinaison » des cinquante-cinq Etats, dont quelques-uns sont plus grands que l'Angleterre et qui constituent l'Union Américaine, est un fait d'une bien autre importance pour le monde entier.

« Cette union promet d'être bientôt sur le même rang que l'Europe pour la production de la plupart des principaux articles, et déjà, pour la production de l'article de première importance (l'acier), elle est au-dessus de toutes les autres nations.

« Si elle continue à s'accroître dans les proportions actuelles, beaucoup de ceux qui m'écoutent verront la population de l'Amérique égaler celle de l'Europe d'aujourd'hui, la Russie mise à part ».

Après avoir examiné les situations respectives des nations, M. Carnegie établit un parallèle entre l'Europe et l'Amérique, considérées comme unités. Il oppose un continent à un autre continent, et il découvre des différences essentielles.

1° L'Europe est un véritable camp armé. Tout homme valide consacre plusieurs années à son instruction militaire. Plus de neuf millions d'hommes ont des devoirs militaires à remplir. L'Amérique n'a qu'une armée de 66,000 hommes, et pas de conscription.

La conscription de l'Europe est pour l'Amérique un avantage ; elle lui envoie les hommes qui veulent échapper au service militaire.

L'Europe a 410 navires de guerre et croiseurs ; l'Amérique en a 35 seulement.

Selon M. Carnegie, on ne saurait attacher trop d'importance aux conséquences de ces différences, pour le développement industriel des deux continents.

2° L'Amérique constitue un tout uni où règne la paix intérieure. Elle n'a pas à craindre d'attaques, de la part de ses voisins ou même de l'Europe. Elle n'est pas comme elle divisée en camps hostiles.

3° L'Amérique a un marché intérieur qui s'agrandit continuellement, pousse les industriels à étendre leurs usines et justifie toutes les modifications coûteuses, ainsi que l'adoption de toutes les méthodes nouvelles. Elle est un continent sous un seul gouvernement. Les usines s'établissent au centre même des divers marchés. Elles ne sont gênées par aucune frontière, aucune taxe. Leurs opérations sont entièrement libres. L'industriel européen trouve des obstacles partout, dans un continent divisé en nations hostiles, ayant des lois et des tarifs différents. Une guerre entre ces nations est toujours possible.

L'espace me manque pour analyser toutes les raisons que M. Carnegie donne de la supériorité de l'Amérique sur l'Europe. Je citerai encore l'importance de la navigation intérieure par eau. L'Amérique a plus de dix mille milles de rivières et de lacs reliés ensemble. Nul pays n'a des moyens de transports aussi bon marché. C'est grâce à un gouvernement unique que ces lacs et ces rivières ont pu être aménagés et joints, que des ports ont été creusés, et que certaines rivières ont été rendues navigables, au moyen d'écluses et de barrages.

Les chemins de fer ne jouissent d'aucun monopole. Toute Société qui fait la preuve qu'elle est de bonne foi, que son capital est entièrement souscrit et que le dixième en est versé, peut se mettre à la besogne. Grâce à cette liberté, les prix des transports, pour les longues distances, sont inférieurs au moins de moitié aux prix d'Europe.

Les affaires doivent se faire en grand. L'Allemagne a les navires les plus grands et les plus rapides. Pourquoi ? Parce que ces monstres de la mer partent d'Allemagne avec les voyageurs du Nord et de l'Est de l'Europe, qu'ils prennent à Southampton des voyageurs anglais, et, à Cherbourg les voyageurs de la France et du Sud de l'Europe. A leur retour, ils sont remplis de voyageurs pour tous ces ports. Le succès des navires allemands n'est pas dû à des subsides du gouvernement, car ils reçoivent moitié moins que les lignes anglaises sur l'Atlantique. Il n'est dû qu'au grand nombre de voyageurs.

M. Carnegie pose à ses auditeurs ces deux questions : 1° Si l'Amérique avait été composée de petits États, indépendants et jaloux, armés jusqu'aux dents, en prévision d'une

attaque, ayant des barrières fiscales, eut-elle
jamais pu envahir de ses produits d'autres pays ?
2° Aussi longtemps que l'Europe restera divisée en camps ennemis, peut-elle espérer conquérir des marchés étrangers, ou même repousser
l'invasion américaine ?

Dans les deux cas, sa réponse est négative.
Pour changer cette situation, l'Europe n'a pas
d'autre moyen que d'arriver à une forme quelconque d'union politique et industrielle, et de
devenir un tout uni, à l'exemple de l'Union
américaine. Ce résultat obtenu, elle serait
débarrassée du fardeau du militarisme. Elle
cesserait d'être un corps dont les membres sont
en guerre les uns contre les autres.

L'Union de l'Europe a fait de grands progrès
durant le dernier siècle. Napoléon a aboli plus
d'une centaine de centres de querelle dans la
seule Allemagne. Cette nation, grâce à la
Fédération, est devenue une des nations les
plus puissantes, elle s'est placée au premier
rang des nations industrielles. L'Italie s'est
reconstituée et agrandie. La France s'est anne-
xé la Savoie et Nice. Plusieurs changements
de territoire de moindre importance se sont produits. Nul ne peut affirmer que l'Europe a

atteint sa forme définitive. Ses double et triple alliances sont une excellente chose, puisqu'elles diminuent les chances de guerre. Mais leur influence est négative. L'Empereur de Russie a rendu un grand service à la cause de la paix. L'importance du tribunal de la Haye n'a pas été encore comprise. Deux disputes internationales ont déjà été soumises à cette Haute Cour d'humanité. L'exemple sera suivi et deviendra la règle. Au siècle prochain, les mesquines divisions politiques actuelles de l'Europe auront disparu, et la lutte industrielle et commerciale sera entre continents, entre l'Europe et l'Amérique.

M. Carnegie dit ensuite :

Etudiants de St Andrews : « Le sujet de ma conférence a été l'empire industriel du monde. Jadis, il vous appartenait. Aujourd'hui la couronne est entre les mains de vos descendants directs. Le berceau de la race, de quelque façon que vous vous y preniez, est devenu trop petit pour rivaliser dans la production des objets matériels, avec un continent presque aussi vaste que l'Europe. Il y a là une impossibilité absolue, et l'Angleterre elle même, si incroyables qu'aient été ses succès, ne peut faire l'impossible. Pour la même raison, elle ne peut espérer, dans un avenir prochain, rivaliser avec la production de l'Allemagne, encore moins avec celle de la Russie, à une époque plus reculée. »

M. Carnegie, après avoir annoncé à ses auditeurs, de façon aussi formelle, la décadence de l'Angleterre, leur adresse ces paroles consolatrices :

« Mais, pour vous Messieurs, qui êtes les représentants de la plus vieille université écossaise, de quelle valeur peut bien être l'empire matériel comparé à l'empire moral et intellectuel, la suprématie dans les choses destinées aux besoins de notre corps comparée à la suprématie dans celles destinées aux besoins de notre esprit? Que sont les barbares triomphes de l'épée, si on les oppose aux triomphes de la plume? La paix a ses victoires plus célèbres que celles de la guerre. Les héros du passé ont été les hommes qui ont commis le plus de méfaits et de meurtres, les héros de l'avenir seront ceux qui auront rendu le plus de services à leurs semblables et qui en auront sauvé le plus grand nombre. De quel poids est l'action des muscles et des nerfs, en regard de l'action de la divine raison, l'action des armées sauvages et meurtrières de la force brutale, en regard de l'action de ceux qui se consacrent à la Littérature, à la Poésie, à l'Art, à la Science, aux Lois, au Gouvernement, à la Médecine, et à toutes les choses qui affinnent, civilisent, et élèvent les hommes..... Que vous importe qu'une autre partie du monde produise plus d'acier, de fer, de drap et de navires, si vous produisez les plus grands poètes, historiens, philosophes, hommes d'État, inventeurs et professeurs ? Que vous importe que les autres produisent une plus grande quantité de nourriture pour le corps de l'homme, si vous produisez les meilleurs livres pour son âme, ét si vous donnez les plus beaux exemples de vies noblement vécues ? Que vous importe qu'un plus grand nombre de gens soient habillés par d'autres pays et d'autres mains, si vous instruisez et ornez les esprits qui guident l'humanité vers les régions les plus élevées... ?

« Que les autres nations se partagent comme elles peuvent les victoires du matérialisme. L'Angleterre, l'antique et bien aimé berceau de notre race, conservera la supériorité dans les choses de l'esprit. Elle sera une Grèce moderne. Les hommes les plus grands et les meilleurs des

nations du monde entier lui apporteront res-
pectueusement le témoignage de leur reconnaissance, de leur admiration, de leur respect
et de leur amour ».

L'A B C de l'argent

*Le troc ou l'échange direct des produits. — Besoin
et usages de la monnaie. — Parallèle entre les
deux étalons — or et argent. — Des rapports
de l'étalon avec le crédit de la nation.*

L'A B C DE L'ARGENT (1)

Je suppose que toute personne qui s'est adressée au public, par la parole ou par la plume, a parfois désiré que chacun abandonnât toute occupation pour l'écouter pendant quelques minutes. Tel est mon état d'esprit ce matin, car je crois qu'un grave danger menace les habitants et le progrès de notre pays, uniquement parce que la masse des cultivateurs et tous ceux qui vivent de salaires n'entendent rien à la question monétaire. Aussi vais-je m'efforcer de la traiter de façon si simple que tous pourront la comprendre.

Peut-être, un des membres du vaste auditoire que je me figure devoir tenir sous le charme de ma parole, a-t-il envie de s'écrier : « Qui

(1) Ce mot est pris ici dans le sens le plus général, celui de « monnaie » ou de « numéraire ». Quand il sera question du métal argent, le sens de la phrase l'indiquera suffisamment.

êtes-vous — un scarabée d'or, un millionnaire, un baron du fer, un bénéficiaire du bill Mac Kinley ? » Avant de commencer mon discours, permettez-moi de répondre à ce gentleman imaginaire que, durant bien des années, je n'ai pas vu mille dollars en or. En ce qui concerne le bill Mac Kinley, je suis peut-être l'homme des Etats-Unis qui a le plus de raisons de s'en plaindre, parce qu'il s'est attaqué à tort et à travers aux droits sur le fer et l'acier, les réduisant de 20, 25 et 30 pour cent. Et, si cela peut m'être une recommandation près de mon interrupteur supposé, j'ai l'honneur de l'informer que je ne suis pas l'ennemi des réductions et que je me propose, en ma qualité de manufacturier américain, de continuer à défendre la consommation intérieure contre l'étranger, même avec les droits plus bas imposés à nos produits par ce bill. J'ajoute aussi que je ne suis pas partisan de la protection au-delà du point nécessaire pour permettre aux américains de rester maîtres de leur propre marché, dans une lutte équitable avec l'étranger.

Qu'un homme travaille à la mine, à l'usine, ou aux champs, qu'il soit cultivateur, ouvrier, marchand, manufacturier ou millionnaire, il a le plus grand intérêt à connaître cette question monétaire et à adopter le meilleur système. Je vous demande donc à tous d'écouter ce que j'ai à dire, car ce qui est bon pour un seul travailleur doit être bon pour tous, et ce qui nuit à l'un doit nuire à tous, pauvres ou riches.

Je vous parlerai d'abord de l'origine de l'argent et ensuite de sa nature. Voici comment on arriva à l'usage de l'argent :

Dans le passé, quand les gens se bornaient à cultiver les champs, quand le commerce et les manufactures n'existaient pas, les hommes avaient peu de besoins et ils se passaient d'argent. Quand ils désiraient un objet qu'ils n'avaient pas, ils l'échangeaient contre un autre.

Le cultivateur donnait tant de boisseaux de grain pour une paire de souliers ; sa femme tant de boisseaux de pommes de terre pour un chapeau. Toutes les ventes et tous les achats étaient ainsi faits, au moyen d'échanges, c'est-à-dire du troc.

A mesure que la population augmenta et que ses besoins s'accrurent, ce système devint très incommode. Alors un homme ouvrit dans la région un entrepôt général où se trouvèrent la plupart des objets qui étaient les plus demandés, et, en échange de ces objets il reçut tout article que le cultivateur lui apportait. C'était là un grand progrès, car le cultivateur qui avait besoin d'une demi-douzaine d'objets n'était plus obligé, quand il se rendait au village, de se mettre à la recherche d'une demi-douzaine de personnes différentes ayant besoin d'un ou de plusieurs des objets qu'il avait à échanger. Il pouvait maintenant s'adresser directement à un seul homme, le marchand, et, en échange de produits agricoles quelconques, il obtenait de lui la plupart des articles qu'il désirait. Il était indifférent au marchand de donner au cultivateur du thé ou du café, des couvertures ou un râteau à foin; il lui était également indifférent de recevoir de lui, du blé, du grain ou des pommes de terre, puisqu'il pouvait envoyer ces produits à la ville et les échanger contre d'autres articles qui lui étaient nécessaires. Le cultivateur pouvait même payer les gages des hommes qu'il louait avec des « bons » pour des objets du magasin. Aucun dollar, comme vous voyez, n'a encore fait son apparition. Tout est encore troc, et — échange de produits. Cela est fort incommode et fort coûteux, car les produits agricoles donnés en échange devaient être transportés de côté et d'autre, et changeaient continuellement de valeur.

Certain jour, le marchand donnait en échange d'un boisseau de froment, tant de livres de sucre, mais à la visite suivante du cultivateur, il se pouvait qu'il fût dans l'impossibilité de faire ce marché. Il lui fallait demander davantage de froment pour la même quantité de sucre. Le prix du froment s'était-il élevé, au lieu de baisser, alors soyez certain que le marchand ne mettait pas autant d'empressement à demander moins de blé qu'à en demander davantage. La même remarque s'applique à tout autre produit que le cultivateur avait à offrir. La valeur des articles que le marchand employait pour ses échanges, thé, café, sucre, vêtements, bottes et souliers, montait ou baissait.

Ai-je besoin de faire remarquer que, dans toutes ces opérations, le marchand avait l'avantage sur le cultivateur ? Il connaissait les hausses et les baisses de prix, longtemps avant le cultivateur et les signes des temps mieux que lui ou que n'importe quel autre client.

Le marchand finaud avait « la piste intérieure » tout le temps. Ici, j'attire de façon toute particulière votre attention sur le fait que le marchand prenait un des articles du cultivateur de préférence à tout autre. Cet article était toujours celui pour lequel il avait la meilleure vente — celui qui était le plus souvent demandé. Dans la Virginie c'était le tabac. Sur une grande étendue de notre pays c'était le blé, et de là vient le dicton : « Aussi bon que le blé ». Il était accepté partout, parce que c'était lui qu'on pouvait le plus facilement échanger contre tout autre objet.

Mon ami, le juge Mellon, de Pittsburg a écrit une des meilleures autobiographies du monde, à cause du naturel de son style. Dans ce récit de sa vie, je trouve un curieux exemple de l'emploi du froment. Quand son père acheta sa ferme près de Pittsburg, il fut convenu qu'il la payerait non en « dollars » mais « en sacs de blé » — tant de sacs par an. Cela n'est pas très loin de nous.

Ce que nous appelons aujourd'hui, « argent » n'était guère en usage à cette époque, dans l'ouest ou le Sud, mais son absence avait amené les gens à se servir d'un article facilement échangeable contre d'autres. Cet article était le blé, en Pensylvanie, et le tabac, en Virginie. On agissait ainsi, non en vertu d'une loi, mais uniquement parce que l'expérience avait enseigné la nécessité d'employer comme « argent », le produit qui s'était révélé le plus commode pour le payement d'une ferme, ou pour l'échange de n'importe quel objet. Ces produits varièrent suivant les pays.

Le blé était « aussi bon que le blé », dans son emploi comme « argent », sans qu'aucune loi s'en mêlât. C'est d'eux-mêmes que les gens avaient choisi le blé comme « argent ». Le tabac étant la principale récolte de la Virginie, les habitants de cet Etat trouvèrent qu'il était « l'argent » le plus commode pour eux.

Remarquez, je vous prie, que la société humaine choisit toujours comme produit-base, comme « argent », le produit dont le prix subit le moins de fluctuations, celui qui est le plus généralement employé ou désiré, qui est le plus souvent et le plus constamment demandé, et qui a une valeur intrinsèque.

« Argent » est un mot qui désigne seulement le produit employé comme « produit-base », pour faciliter l'échange de tous les autres produits. Une loi ne saurait décréter qu'un produit

a de la valeur et ensuite le choisir comme
« argent ». Le produit doit commencer par faire
la preuve qu'il a de la valeur, qu'il est le plus
commode, et c'est ainsi qu'il devient, par lui-
même et en lui-même « le produit-base », « l'argent ». Il se choisit lui-même. Le blé et le froment, quand ils étaient employés comme
« produit-base », étaient aussi nettement de
« l'argent » que l'or et l'argent sont de « l'argent » de nos jours.

Avançons d'un pas. Le pays devient de plus
en plus peuplé, les besoins de ses habitants de
plus en plus nombreux.

Des produits encombrants comme le blé et le
tabac dont le prix et la qualité sont variables,
et qui sont sujets à se détériorer, sont bientôt
jugés incommodes et mal appropriés aux
échanges croissants, et par suite, on cesse de
les employer comme « argent ».

Vous saisissez bien que de nos jours, nous
ne pourrions employer des céréales, en guise
d' « argent ».

C'est alors que la supériorité des métaux se
manifesta. Ils ne se détériorent pas, ne changent pas de valeur si rapidement, et ils partagent avec le blé et le tabac, la qualité

essentielle d'avoir une valeur intrinsèque, indépendante de leur emploi comme base d'échange.

Ils sont recherchés comme ornements personnels et employés dans les manufactures et dans les arts à mille usages. Et c'est à cela seul qu'ils doivent de pouvoir être employés comme « argent ». Essayez de calculer pour combien d'usages l'or est recherché, parce qu'il convient le mieux à ces usages. Nous le trouvons partout. Nous ne pouvons même nous marier sans un anneau d'or.

Les métaux ont une valeur marchande puisqu'ils servent à d'autres usages que celui d'« argent » ; leur production est limitée et ne peut être augmentée aussi facilement que celle du blé et du tabac, et de là vient qu'ils sont sujets à des variations de valeur, moindres que celles de n'importe quel autre article employé auparavant comme « argent ». Cela est d'une importance vitale, car la qualité essentielle du produit employé comme base pour l'échange de tous les autres articles, c'est la fixité de valeur. La race humaine instinctivement a toujours cherché à employer comme « argent » le produit qui ressemble le plus à l'étoile polaire dans ses rapports avec les autres étoiles du ciel — c'est-à-dire le produit qui change le moins de valeur, tout comme l'étoile polaire est celle qui change le moins de position dans le ciel. Ce que l'étoile polaire est parmi les étoiles, le produit que les peuples choisissent comme « argent », l'est parmi les autres produits. Tous les autres produits gravitent autour de celui-là, comme les étoiles gravitent autour de l'étoile polaire.

Nous avons maintenant abandonné tous les produits qui peuvent s'avarier et nous avons choisi comme « argent » les métaux, ou plutôt les métaux ont prouvé qu'ils étaient supérieurs à tout autre produit, en tant qu'étalon de la valeur, c'est-à-dire en tant qu'« argent ». Mais il restait un grand pas à franchir. Quand j'étais en Chine, je recevais comme monnaie des rognures et des fragments enlevés d'un bloc d'argent et pesés devant moi dans les balances du marchand, car les chinois n'ont pas « d'argent frappé ».

Au Siam, on se sert des « cowries », jolis petits coquillages que les indigènes emploient comme ornements. Une douzaine de ces coquillage représente la valeur de *1 cent*. Vous devinez aisément combien il m'était impossible d'empêcher le marchand chinois de me donner moins d'argent qu'il m'en devait ; où d'empêcher le marchand Siamois de me donner de mauvais coquillages dont j'ignorais totalement la valeur. Les nations civilisées reconnurent bientôt qu'il était nécessaire pour les gouvernements de se procurer les métaux nécessaires, et d'indiquer, au moyen de la frappe, leur poids, leur pureté et leur valeur réelle.

C'est ainsi que fut créé « l'argent monnayé », ce qui fut un grand progrès. Désormais les gens connurent à l'œil, l'exacte valeur de chaque pièce, et ils ne purent plus être volés, puisque ni pesées, ni essais n'étaient nécessaires.

Notez que la frappe du gouvernement n'ajoutait aucune valeur à la pièce. Le gouvernement ne cherchait pas à « faire de l'argent » avec rien. Il avisait seulement les gens de la valeur marchande du métal de chaque pièce, du prix exact de la matière première, en tant que métal.

Mais même après cela, beaucoup d'escroqueries se produisirent. Des fripons rognaient les bords des pièces et les battaient, de façon à les rendre fort légères. Un français habile imagina les « bords à cordons ». Par ce moyen, les vols furent arrêtés et les nations civilisées possédèrent enfin la monnaie qu'elles ont encore. Elle est la plus parfaite qui ait jamais existé, parce qu'elle a une haute valeur intrinsèque et que cette valeur varie peu.

Le produit idéalement parfait dans le rôle d' « argent » est celui dont la valeur ne change jamais. Cette fixité est indispensable pour la protection des cultivateurs, des ouvriers, de tous ceux qui travaillent, car rien ne tend à faire de n'importe quel échange de produits une spéculation, comme un « argent » dont la valeur change. Et, dans le jeu de la spéculation, la masse des gens est toujours assurée d'être victime de quelques spéculateurs mieux renseignés.

Rien ne place les cultivateurs, les salariés et tous ceux qui ne s'occupent pas spécialement d'affaires financières, dans un si grand état d'infériorité que d'échanger leur travail ou leurs produits contre de l' « argent » à valeur variable.

Tous ces hommes sont exactement dans la situation du cultivateur traitant avec le marchand, que j'ai décrite plus haut.

Vous savez tous que le poisson ne saute pas

à la mouche, en temps calme. C'est quand le vent souffle et que la surface de l'eau est ridée, que la pauvre victime prend l'appât pour une véritable mouche. Ainsi, il en va des affaires de ce monde. Dans les temps agités, quand les prix montent et descendent, quand la valeur du produit employé comme argent sautille, aujourd'hui en haut et demain en bas, quand les eaux sont troubles, le spéculateur habile attrape le poisson et remplit son panier de victimes. Voilà pourquoi les cultivateurs et les ouvriers, et tous ceux qui ont des récoltes à vendre, des salaires ou des gages à recevoir, ont le plus grand intérêt à obtenir et à maintenir la fixité de la valeur du produit qu'ils sont obligés d'accepter comme « argent ».

Quand les métaux furent employés comme « argent », on s'aperçut qu'il fallait plus de deux métaux pour faire face à tous les besoins. Il n'aurait pas été sage de frapper une pièce d'or, pour toute somme inférieure à un dollar, parce que la pièce aurait été trop petite; et nous ne pourrions employer une pièce d'argent, pour une somme supérieure à un dollar, parce que cette pièce serait trop grosse. C'est ainsi que pour les petites sommes, nous dûmes recourir à un métal d'une valeur moindre, et que nous choisîmes l'argent. Mais bientôt on constata qu'on ne pouvait employer l'argent pour les pièces inférieures à dix cents, une *dîme* étant la plus petite pièce d'argent possible, et il fallut choisir quelque autre métal, pour les plus petites pièces. Ce métal devait être de moindre valeur que l'argent, et nous prîmes un mélange de cuivre et de nickel, pour faire des pièces de cinq *cents*. Mais alors nous trouvâmes que le nickel avait encore trop de valeur pour les pièces de un et de deux *cents*, et nous employâmes pour ces pièces le cuivre seul. On s'efforça de faire entrer dans chaque pièce une quantité de métal aussi rapprochée que possible du montant de la valeur indiquée par la frappe du gouvernement.

Ainsi dans un *cent* de cuivre, nous essayâmes de faire entrer la valeur de un *cent* de cuivre, et dans le « nickel » la valeur d'environ cinq *cents* de nickel et de cuivre. Mais comme le cuivre et le nickel changent de valeur, d'un jour à l'autre, encore plus que l'argent, il est impossible de mettre dans chaque pièce la valeur exacte. Si nous y mettions la quantité qui représentait la valeur exacte à un jour donné, et que le cuivre et le nickel subissent une hausse sur le marché, les pièces seraient fondues par ceux qui font le commerce de ces métaux, et nous n'aurions plus de pièces de monnaie.

Aussi, est-on obligé de laisser une petite marge, et de mettre toujours dans ces pièces un peu moins de métal que leur valeur n'en indique. De là vient que dans l'histoire de la monnaie, ces petites pièces sont appelées : « jetons » ou « monnaie représentative ». C'est une « promesse » qu'elles pourront être échangées contre l'équivalent en or. Quiconque possède vingt « nickels » doit pouvoir obtenir en échange un dollar d'or, pour que ces pièces répondent avec sûreté à leur destination « d'argent ». Les nations, ordinairement, fixent une limite à l'usage de cette monnaie, et la rendent obligatoire par une loi, pour une quantité minime. Par exemple, en Angleterre, on ne peut obliger une personne à en prendre pour plus de dix dollars, et, dans ce pays, toutes les pièces d'argent sont assimilées à cette monnaie.

Je ne peux vous faire franchir un pas de plus dans l'histoire de « l'argent », parce que, avec la frappe des métaux, nous sommes arrivés au dernier. Mais, j'ai encore diverses choses à vous dire, à son sujet.

On pourrait s'imaginer qu'avec la frappe de pièces de métal, nous avons atteint la perfection, et que, grâce à elles, les gens ne peuvent être fraudés d'un avantage essentiel à leur bien-être — d'un « argent honnête ». Pourtant, on a trouvé le moyen de frauder les gens, même ainsi.

Les pièces de monnaie ont été parfois « altérées » par des gouvernements besogneux, après des guerres épuisantes ou après la peste, quand le pays était trop pauvre ou trop faible pour se relever de ses malheurs. Une pièce est dite « altérée », quand elle ne contient pas assez de métal pour être échangée sur le marché contre la somme indiquée sur une de ses faces par la frappe du gouvernement. Cette façon de procéder qui est toujours une fraude commise aux dépens de la masse n'est pas nouvelle. Elle est extrêmement ancienne. Cinq cent soixante-quatorze ans avant le Christ, les Grecs ont altéré leurs pièces de monnaie. Les empereurs romains les ont fréquemment altérées, quand ils se trouvaient dans des situations désespérées. L'Angleterre a altéré les siennes en l'an 1300. La monnaie écossaise fut autrefois si altérée qu'un dollar valait seulement douze *cents*. Les gouvernements irlandais, français, allemands et espagnols ont tous essayé des monnaies altérées, lorsque ne pouvant plus tirer directement de leurs peuples de nouvelles taxes, ils étaient réduits à tirer d'eux de l'argent par des moyens indirects. « L'altération » de la monnaie fut toujours employée comme suprême expédient. Les exemples que je viens de citer sont anciens. Les nations de premier rang, de nos jours, ne tombent plus si bas. Je dois faire une exception et j'abaisse ma tête en signe de honte, déclarant qu'elle vise la République des Etats-Unis. Chacun de ses dollars d'argent est une pièce « altérée ». Quand un gouvernement met en circulation de la « monnaie altérée », il s'écarte de tous les sages principes que l'expérience nous a enseignés. Des finances saines exigent du gouvernement qu'il certifie la valeur réelle de chaque pièce sortie de son Hôtel de la Monnaie, de façon à ce que les gens ne puissent être fraudés. Or, chaque fois que le

gouvernement frappe les mots : Un dollar, sur
371 1-4 grains d'argent, il frappe un mensonge
— mensonge honteux, mais hélas ! trop certain — car l'argent contenu dans le dollar ne
vaut pas aujourd'hui un dollar, mais seulement
soixante-dix-huit *cents*.

Une autre erreur, au sujet de l'argent,
a souvent mis les nations dans l'embarras.
C'est l'idée qu'un gouvernement peut « faire de
l'argent », rien qu'en imprimant certains
mots sur des morceaux de papier, tout comme
chacun de vous pourrait « faire de l'argent »,
en écrivant sur une feuille de papier, la
promesse de payer cent dollars à présen-
tation de ce papier. Mais vous savez fort bien
que quand vous faites cela, loin de « faire de
l'argent » vous « faites une dette ». Il en
est de même de tout gouvernement qui émet
une promesse de payer. Et il y a ceci de commun, entre le particulier et le gouvernement
qui émettent de ces billets en grande quantité,
qu'ils les payent rarement. Les français agirent
ainsi durant leur révolution. Plus récemment,
les Etats conférés « firent de l'argent » en
grande quantité ; ils émirent des bons qui
maintenant valent à peine le papier sur lequel ils

sont imprimés. Toute expérience de cette sorte a prouvé qu'on ne peut « faire de l'argent », quand il n'y a aucune valeur derrière. Notre propre pays a émis des billets, et les autres nations les ont achetés pour quarante *cents* par dollar, bien qu'ils portassent et payassent intérêt à 6 0/0 en *or*, si grande est la crainte que même les billets de ce pays ne fassent pas exception au sort commun à de telles valeurs émises dans des temps difficiles. C'est uniquement parce que le gouvernement tint strictement sa promesse et qu'il remboursa ces billets, intérêts et principal, en or, jamais en argent, ou en tout autre numéraire déprécié, que leur valeur a augmenté, et que le crédit des Etats-Unis est devenu le plus élevé du monde, dépassant même celui de la Grande-Bretagne. Jamais il n'exista une preuve plus décisive de cette vérité, que, pour l'argent comme pour toute autre affaire « l'honnêteté est le meilleur procédé ». Notre gouvernement a aussi émis ces « billets » connus sous le nom de « green-backs » (dos vert). Mais les hommes sages qui les émirent, eurent la précaution de garantir leur rachat, au moyen d'une somme de cent millions de dollars, de telle sorte que

toute personne ayant un « green-back » pût
se rendre au Trésor et l'échanger contre un
dollar en or.

J'ai maintenant à vous parler d'une autre
qualité, à peine croyable du métal, comme
« produit-base ». Le monde entier a une
telle confiance dans sa stabilité qu'on a
construit sur lui, comme sur des fondations
absolument sûres, une tour de « crédit », si
haute, si vaste, que tout l'argent et l'or des
Etats-Unis et tous les « green-backs » et billets
émis par le gouvernement ne sont utilisés que
pour 8 0/0, des échanges du pays. Allez à
n'importe quelle banque, société de dépôts,
manufacture, factorerie, magasin, ou place
d'affaires, vous verrez que pour cent mill.
dollars d'affaires traitées, on n'emploie que
8.000 dollars « d'argent », et seulement pour
les petites transactions. Quatre-vingt douze
pour cent des affaires sont traitées avec de
petits bouts de papier, chèques ou traites. C'est
sur cette base aussi que reposent toutes les
obligations de Gouvernement, d'Etat, des Com-
tés et des villes, et les milliers de millions
d'obligations dont la vente a permis de construire nos grandes lignes de chemins de fer,

et aussi les milliers de millions représentant
les gains de la masse, déposés dans des caisses
d'épargne, et que celles-ci ont prêtés à diverses
sociétés. Ces obligations doivent être rembour-
sées en « bonne monnaie », sans quoi les économies des déposants pauvres seraient perdus, en tout ou en partie.

Les affaires et les échanges de ce pays ne
sont donc pas traités avec de « l'argent » —
avec l'article lui-même. Exactement comme on
avait jadis cessé d'échanger les produits eux-
mêmes, et qu'un métal appelé « argent » avait
été employé pour effectuer les échanges, on a
cessé, aujourd'hui, d'employer le métal lui-
même. Le chèque ou la traite de l'acheteur
de produits, c'est-à-dire un bout de papier
ayant pour garantie un dépôt d'or placé dans
une banque, est tout ce qui est échangé entre
l'acheteur et le vendeur. Pourquoi ce petit
bout de papier est-il accepté par le vendeur
ou par tout autre créancier ? Parce qu'il
sait que s'il avait besoin de l'or que ce
papier représente, il pourrait l'obtenir. Il sait
aussi qu'il n'aura pas besoin de cet or. Et pourquoi ? Parce que, en échange de n'importe quel
objet qu'il désire acheter, le vendeur ou tout

autre de ses débiteurs acceptera son chèque,
un petit bout de papier qui a la même valeur
que l'or lui-même. Chacun a confiance, —
et c'est là le point le plus important, que le produit base ne peut changer de valeur. Car souvenez-vous que sa hausse serait tout aussi
dangereuse que sa baisse. La stabilité de la
valeur est une qualité essentielle de « l'argent »
pour la masse des gens.

Quand donc les gens réclament, à grands
cris, qu'on mette davantage « d'argent » en
circulation — c'est-à-dire davantage du produit
dont nous nous servons pour l'échange des
autres produits, vous comprenez qu'ils se trom-
pent et que ce n'est pas « l'argent » qui
manque. Quiconque a eu du blé, du tabac ou
tout autre produit à vendre, n'a jamais éprouvé
aucune difficulté provenant du manque « d'argent » chez l'acheteur, pour effectuer l'échange.
Nous avons eu dans ce pays, un trouble financier très grave, il y a seulement trois mois. On
disait qu'il était impossible de se procurer de l'argent pour les affaires. Ce n'était pas le métal qui
manquait, mais le « crédit », la confiance, parce
que, c'est avec le crédit, comme vous l'avez vu,
que sont faites toutes les affaires, excepté les

petites transactions qui ne méritent guère le nom
« d'affaires ». Aujourd'hui l'homme d'affaires ne
peut se promener dans la rue sans être accosté
par des gens qui lui demandent d'accepter ce
« crédit » à des taux d'intérêt très bas. A 2 0/0
par an, on peut obtenir, de « l'argent » (crédit),
quand on veut. Il n'y a pas eu une différence considérable dans la quantité « d'argent » exis-
tante, durant les 90 jours. Il y avait à peu près
autant « d'argent » dans le pays, en janvier
qu'en mars. Ce n'était donc pas le manque
« d'argent » qui a causé de l'inquiétude. C'est
qu'on avait ébranlé les bases sur lesquelles reposaient les quatre-vingt-douze mille
de chaque cent mille dollars d'affaires. Le
métal lui-même et les billets —, de « l'argent » véritable, comme nous avons vu —
s'appliquent seulement aux huit mille dollars.
Là est le plus grand danger qui puisse se produire quand on touche à la base du crédit. Vous
ébranlez directement la base sur laquelle reposent quatre-vingt-douze pour cent de tous les
échanges d'affaires du pays ; — la confiance et
le crédit —, et indirectement, par la même occasion, les huit pour cent des transactions petites
qui sont opérées au moyen du métal lui-

même, ou des billets du gouvernement. L'article-
étalon est la base de tout échange, à la fois des
quatre-vingt-douze mille et des huit mille dollars. Si cette base est ébranlée, la vaste struc-
ture qui comprend les affaires de toutes sortes
doit chanceler.

J'ai fini de vous parler de la « monnaie ».
Il me reste à appliquer les faits à la situation
présente. Ici, nous entrons de plein pied dans
la question de l'étalon d'argent. Je suis sûr que
vous m'écouterez avec attention, car c'est la
plus pressante des questions qui se posent à
nous. Vous avez vu que notre pays, dans son
progrès, a employé divers produits, comme
« argent », qu'il les a abandonnés quand il en
a trouvé de meilleurs, et que finalement, il a
adopté des pièces de métal précieux, parce que
ce métal était le produit le plus parfait. Deux
métaux seulement ont été adoptés par les nations
civilisées comme étalon, — l'or, dans certains
pays, l'argent dans d'autres. Aucun pays ne
peut avoir deux étalons. Il y a des siècles,
l'argent fut adopté comme étalon par la Chine,
l'Inde et le Japon, et plus récemment, par les
Républiques Sud-Américaines. Dans ces pays,
il sert encore d'étalon. Au moment où l'on fit

ce choix, il était sage. L'argent valait presque
deux fois ce qu'il vaut aujourd'hui; il était stable, et répondait à tous les besoins d'un peuple rural.

Les principales nations d'Europe, et notre
propre pays, ayant une civilisation plus avan-
cée et de plus grandes transactions d'affaires,
furent obligées d'adopter comme étalon, un
métal plus précieux que l'argent, et elles
adoptèrent l'or. Mais l'argent étant employé
dans beaucoup de parties du monde, comme
étalon, et dans les pays à étalon d'or, comme
« monnaie d'appoint », ces nations jugèrent
qu'il était indispensable de fixer la valeur en or
qu'on pouvait accorder à l'argent. Cette valeur
fut fixé à quinze onces et demi d'argent pour
une once d'or. Je vous prie de remarquer que
cela était, alors, aussi exactement que possible,
la valeur marchande de l'argent et de l'or, en
tant que métaux. Les nations ne cherchèrent
pas à donner à l'argent une valeur fictive, mais
bien sa valeur intrinsèque. Et ce qui était mieux
encore, chacune des nations s'engagea, à l'ex-
piration de la convention, à racheter en or, au
prix fixé, toute la monnaie d'argent en cours.
Tout marcha bien, avec cet arrangement, pen-

dant longtemps. Les nations les plus avancées avaient l'étalon d'or ; les moins avancées, l'étalon d'argent. Toutes étaient également bien servies.

Mais alors qui donc a soulevé cette *question de l'argent* que chacun discute ? Ce simple fait : tandis que la production et par suite la valeur de l'or, restait à peu près la même, de grands dépôts d'argent étaient découverts, de surprenantes améliorations étaient faites dans les machines servant à extraire le minerai, et de plus surprenantes encore dans les machines servant à le trier. Comme une quantité de plus en plus grande d'argent était produite à un prix moindre, naturellement sa valeur tomba de plus en plus. Une once d'argent valant 1 dollar 33, en 1872, ne vaut plus aujourd'hui que 1 dollar 04. Elle est descendue à 93 *cents*. Elle est montée et elle est descendue. Elle a perdu la stabilité.

Dans tous les pays à étalon d'argent, cela a provoqué de la confusion et des désastres. La question dans l'Inde, avec une population de deux cent quatre vingt-cinq millions, est des plus graves. Vous voyez d'autre part, combien les républiques Sud-Américaines sont trou-

blées par cette baisse de la valeur de leur produit-base, — qui sert à l'évaluation de tous les
autres produits. Les nations européennes elles-
mêmes, qui ont l'étalon d'or, sont troublées
par cette « question d'argent ». C'est que grâce
à l'engagement qu'elles ont pris de donner
la valeur d'une once d'or à quinze onces et
demi d'argent, quelques-unes d'entre elles ont
eu sur les bras d'énormes quantités d'argent.
La plupart prévirent ce qui allait se produire,
il y a bien des années, et elles cessèrent d'augmenter leur stock d'argent. Certaines se débar-
rassèrent d'une bonne partie de ce stock, et
s'en tinrent strictement à l'étalon d'or. Mais il
existe encore dans les pays d'Europe, onze cent
millions de dollars de monnaie d'argent légale,
sans compter la monnaie d'appoint en argent,
pour les très petites transactions. Il serait téméraire de prétendre que moins de vingt-cinq onces
d'argent mis sur le marché, seraient trouvés équi-
valents à une once d'or. Cela est loin de la base
de quinze onces et demi, sur laquelle ces pays
l'avaient obtenue.

Tous les pays d'Europe se sont efforcés et
s'efforcent encore de leur mieux, d'échapper à
l'argent. En 1878, les nations de l'Union latine

qui ont fixé le prix de l'argent, la France, la Belgique, l'Italie, la Suisse et la Grèce — ont définitivement arrêté la frappe de l'argent, comme monnaie légale. La Norwège, la Suède et le Danemark, en 1873 et 1875, se retirèrent en toute hâte de dessous l'avalanche d'argent, et, aujourd'hui s'en tiennent fermement à l'étalon d'or. La Hollande, elle aussi, adopta cet étalon. L'Autriche-Hongrie n'a pas frappé d'argent depuis 1879, excepté un petit nombre de « thalers d'argent du Levant », spécialement destinés aux besoins du commerce. La Russie, elle-même, cette nation à moitié civilisée, prit l'alarme, et échappa aussi vite que possible au danger de l'argent. En 1876, elle cessa la frappe du dangereux métal, excepté pour de petites quantités qui avaient un rapide écoulement en Chine. Vous voyez donc que tous les pays qui ont fait l'expérience de l'argent et ont découvert ses inconvénients et ses dangers, s'efforcent de s'en débarrasser. Depuis treize ans, il n'a pas été admis dans leurs Hôtels de la Monnaie, et pas une seule pièce d'argent absolument légale n'a été émise en Europe. Seule, parmi toutes les nations, notre République s'enfonce de plus en plus dans les dangers de la frappe d'argent. Quand nous aurons, à son égard, l'expérience des nations plus anciennes, nous voudrons certainement les imiter et comme elles, revenir sur nos pas. Mais il sera trop tard.

Partout où il se trouve, l'argent cause des difficultés. Que faire de l'argent, dont la valeur a tant baissé ? Tel est le grave problème qui se pose à tous ces pays, et qui menace leur avenir d'un gros nuage noir.

L'argent a subi une baisse si considérable dans toutes les parties du monde, et a causé tant de troubles, que, ces années dernières, on a organisé plusieurs conférences internationales, auxquelles les États-Unis ont envoyé des délégués. Elles avaient pour objet de voir si les principales nations commerciales ne pourraient d'un commun accord, fixer pour l'argent une nouvelle valeur en or. Mais invariablement, ces conférences décidèrent qu'il était trop dangereux d'essayer de fixer une nouvelle valeur à l'argent, avant de connaître de façon plus précise l'avenir de sa production et de sa valeur, car il était possible que cette valeur tombât assez bas, que vingt-cinq ou trente onces d'argent ne valussent pas plus d'une once d'or. Nul ne peut se prononcer sur ce point. Comme notre pays possède déjà quatre cent quatre-vingt-deux millions de dollars en argent déprécié, nous dûmes conférer avec nos compagnons d'infortune et jouer le rôle de ces créditeurs qui prennent la parole dans des réunions, pour essayer de soutenir les mauvaises affaires d'un débiteur en faillite.

Peut-être vous êtes-vous demandé, quand j'ai parlé de la situation de toutes les nations européennes, à l'égard de l'argent, pourquoi je ne citais pas la réserve d'argent de l'Angleterre, notre principale rivale. Veuillez me prêter quelques minutes d'attention et, ensuite méditer ma réponse. Elle n'en a *pas un dollar*. La France (1) n'a pas moins de six cent cinquante millions de dollars en argent, dans sa Banque; mais chaque dollar des réserves de l'Angleterre est représenté par le seul produit-base dont la valeur ne varie pas par l'or. Vieil oiseau sage, la chère patrie se tient sur son perchoir, sifflant sa chanson, à l'écart de tous les dangers de cette question de l'argent. Elle a fait de Londres le centre financier du monde. Pour toutes les transactions, dans les pays étrangers, on demande

(1) L'encaisse *argent* de la Banque de France n'est aujourd'hui que de 1.099.297.228 fr. Son encaisse *or* est de 2.341.283.496 fr.

une traite sur Londres, parce que chacun sait que, quoi qu'il arrive, le payement sera fait en or. Pour les hommes sages, il n'y a pas de traites sur Paris, Vienne ou New-York. Pourquoi? Parce que les nations que représentent ces villes, en raison de leur énorme provision d'argent, courent le risque de grandes pertes, et, qu'elles peuvent être amenées, par une loi, à rendre ces traites payables en argent, métal dont la valeur est si variable.

Je voudrais que les Américains étudiassent l'Angleterre, avec soin. Elle ne prend l'avis de personne. Dans les conférences où elle condescend si gracieusement à se rendre, pour la seule raison que l'Inde, qui est sous sa domination, possède l'étalon d'argent, elle traite les autres nations embarrassées de leur argent, avec une froide politesse. Sans cette raison, il est probable qu'elle déclinerait poliment toute invitation. Quand on parle de fixer à l'argent, une valeur en or, elle répond que vraiment elle ne sait quelle décision elle prendra en cette matière. Ce qu'elle demande au ciel, c'est que les États-Unis s'enfoncent de plus en plus dans les embarras de l'argent, jusqu'à ce qu'ils ne puissent plus en sortir. Quant à elle, elle s'en tiendra à son vieux système, qui l'a rendue suprême en finance. Sa seule rivale possible n'est pas en Europe ; mais ici, aux États-Unis. Quel magnifique résultat pour l'Angleterre, si notre pays pouvait être amené à adopter l'étalon d'argent, à abandonner le seul étalon qui puisse placer une nation au premier rang, dans le monde financier ! L'argent pour la République ; l'or pour la Monarchie. Voilà ce que l'Angleterre appelle de tous ses vœux, et ce à quoi tout américain doit s'opposer. Les gouvernements peuvent bien émettre toutes les lois qu'ils veulent sur l'argent. Le monde n'y prête nulle attention. Toutes les transactions d'affaires, entre les nations, continuent à avoir pour base exclusive, l'or — rien que l'or — et elles continueront ainsi. La Grande-Bretagne le sait et elle agit en conséquence.

Je crois vous entendre dire avec indignation : « Comment notre pays est-il arrivé à avoir trois cent douze millions de dollars d'argent dans ses caves, comme la France, au lieu d'avoir toutes ses réserves en bon or, comme notre rivale, la Grande Bretagne, puisque, comme elle, nous avons l'étalon d'or ? » C'est là une question que tout cultivateur et tout ouvrier

devrait se poser, et à laquelle il devrait demander une réponse à ses représentants au congrès.
Elle est facile à donner. Je vais vous en
faire l'historique. La valeur de l'argent, comme
nous l'avons vu, avait baissé, et probablement
devait baisser encore. Les nations européennes
étaient écrasées sous le poids d'un grand nombre de centaines de millions de dollars d'argent,
et toutes désiraient s'en débarrasser. Les propriétaires d'argent et de mines d'argent prirent l'alarme. Que faire pour soutenir le métal en baisse ?
Evidemment, le gouvernement seul, pouvait se
charger de cette besogne, et, toute l'influence
et toutes les ressources des propriétaires d'argent
furent appliquées à ce résultat. Hélas ! leur succès fut complet. On prétendit que la masse du
peuple était favorable à l'argent. Si cela était
vrai, il marchait, de la façon la plus directe,
avec les spéculateurs, contre son propre intérêt.

La première loi tendant à donner une valeur
à l'argent fut votée, en 1878. Elle obligeait le
gouvernement à acheter, chaque mois, au moins
deux millions d'onces d'argent. Cela se passait au
moment même où tous les autres gouvernements
avaient arrêté la frappe de l'argent, parce que

sa valeur était devenue trop fluctuante. Les partisans de l'argent prétendaient que ces achats augmenteraient sa valeur. Disaient-ils vrai ? Non. La valeur n'augmenta pas. Alors, que faire ? « Ah, dirent ces spéculateurs à la langue d'argent, le mal vient de ce que le gouvernement n'est pas allé assez loin. Il suffit qu'il augmente ses achats. Qu'il achète, chaque mois, quatre millions et demi d'onces d'argent. Cette quantité comprendra toute la production des mines de ce pays, même davantage, et ainsi la valeur de l'argent montera ». Ils avaient raison de prétendre que ces quatre millions et demi par mois étaient supérieurs à la production totale des mines d'argent des États-Unis. Sur dix millions d'argent, huit sont employés chaque année, à d'autres usages que la frappe de la monnaie. Il ne reste, pour la frappe, pas plus de quatre millions. Beaucoup de gens étaient persuadés que si le gouvenement achetait de l'argent pour cette somme, chaque mois, sa valeur monterait. Elle monta, parce que beaucoup de ces gens égarés, achetèrent par spéculation, avant que la loi fut votée. L'argent s'éleva de 96 à 121 — presque à son ancien taux en or.

Mais quel a été le résultat, depuis le vote de la nouvelle loi ? La cote de l'argent, à la date de ce jour, nous fournit la réponse. Elle est descendue de 121 à 97, et, elle s'en tient là. Ainsi, au lieu d'être à l'abri des ennuis de l'argent, comme l'est la Grande Bretagne et comme nous aurions dû l'être, ces hommes ont déjà réussi à passer au gouvernement trois cent quatre vingt dix millions de dollars de leur argent. Cela nous met en aussi mauvaise posture que la France, mais avec cette différence : La France et les autres nations ont prudemment cessé, il y a treize ans, d'ajouter à leur stock d'argent, tandis que notre gouvernement continue à ajouter au sien quatre millions et demi d'onces, chaque mois, lesquels lui coûtent un peu plus que ce chiffre en dollars. Les États-Unis essayent d'ignorer le changement survenu dans la position de l'argent, et d'en faire l'égal de l'or, contrairement à l'opinion de toutes les autres grandes nations. Pour y réussir, nous devrions acheter non seulement la production de nos propres mines, mais la plus grande partie de la production des autres mines du monde entier. La production totale de l'argent est suffisante pour faire cent soixante six millions de nos dollars d'argent par an. De plus, nous devons être prêts à acheter la valeur de onze cent millions de dollars, sous le poids duquel les gouvernements européens fléchissent, et qu'ils cherchent à vendre.

Le gouvernement par ses achats a si peu augmenté la valeur de l'argent qu'il ne pourrait aujourd'hui vendre les trois cent treize millions de dollars de ses réserves, sans perdre quelques millions sur le prix qu'il a payé aux propriétaires d'argent. Vous croirez difficilement que les comptes du Trésor établissent que le gouvernement a fait, jusqu'ici, un bénéfice de soixante sept millions sur ses achats d'argent. Cette prétention vient de ce que pour la quantité d'argent mise dans un dollar, il a seulement payé environ quatre vingt *cents*. Mais ce « profit » est factice. La nation, vous venez de le voir, a été amenée à des achats d'argent vraiment ridicules. Quatre millions et demi sont prélevés chaque mois, sous forme de taxes, sur les sommes que vous gagnez, non pour les besoins constitutionnels du gouvernement, mais pour essayer de soutenir un métal, en le payant un prix beaucoup plus élevé que celui qu'il atteindrait, dans d'autres conditions. Les propriétaires d'argent et de mines d'argent se servent de votre gouvernement comme d'un instrument pour s'enrichir. Certes, c'est là un fait fort regrettable, mais de bien minime importance, si on le compare aux menaces de panique et de désastres qu'il apporte avec lui, grâce à l'abandon probable de l'étalon fixe d'or, et à l'adoption de l'étalon fluctuant d'argent.

La République a aboli la honte de l'esclavage. Jusqu'à cette année, elle avait la honte, aux yeux du monde, de n'avoir pas de loi garantissant à d'autres qu'à ses propres citoyens, la propriété littéraire. Cette honte a également disparu. Mais il nous est venu la honte de la « monnaie altérée ». La grande République émet de la monnaie qui n'est pas « honnête ». Elle est la seule nation du monde qui agisse ainsi, à l'exception du Mexique qui frappe encore un peu d'argent. Nous avons la honte, mais nous ne souffrons pas encore des maux inhérents à « l'altération » de la monnaie, parce que le gouvernement consent à recevoir la monnaie altérée qu'il émet, pour un dollar, en payement des droits et des taxes. Il la rend monnaie légale, et c'est ainsi que pour l'instant, elle passe de main en main, avec la valeur de dollars. De cette façon il a pu, jusqu'à ce jour, éviter sa dépréciation. Combien de temps pourra-t-il continuer, à émettre quatre millions et demi de ces billets et de ces pièces, par mois, et les maintenir égaux à l'or ? Nul ne peut le dire. Mais une chose est sûre. A la fin, le poids deviendra trop lourd, et, à moins que la valeur de l'argent n'augmente, ou qu'on mette dans les dollars assez d'argent pour représenter leur valeur en or, ou que les achats d'argent par le gouvernement soient arrêtés, nous tomberons tôt ou tard du régime de l'étalon d'or, à la condition de la République Argentine, ou des autres républiques Sud-africaines.

Voici ce qui arrivera de ces dollars d'argent ne contenant pas assez de métal pour être vendus comme dollars, quand les gens commenceront à craindre que le gouvernement qui les a émis, ne puisse les payer en or à la première réquisition :

Supposez que plusieurs d'entre vous aient décidé d'enlever de la forêt un énorme tronc, que vous vous soyez tous glissés dessous, et, que tendant vos cous, vous le portiez sur vos épaules. L'idée vient à quelques-uns que le poids pourrait les faire chanceler dans leur marche.

Supposez alors que deux ou trois des porteurs, après avoir échangé des regards furtifs, concluent qu'ils feraient mieux de se retirer. Qu'arriverait-il ? Ce manque de confiance amènerait probablement la mort de ceux qui auraient eu l'imprudence de rester. La situation est la même à l'égard de cette délicate question de la mesure des valeurs. Quelques spéculateurs ou « scarabés d'or » prendront leurs précautions pour se tirer d'affaire, quoiqu'il arrive.

Même dans l'esprit des plus téméraires, il peut y avoir quelques doutes sur la possibilité pour les États-Unis de prendre sur leurs seules épaules, le poids du monde et de le porter, alors que toutes les autres nations réunies n'osent s'essayer à cette tâche ; et, que, aucune nation, dans l'histoire du monde, a jamais réussi à donner une valeur permanente, comme étalon de monnaie, à un métal qui ne possédait pas cette valeur en lui-même. Notez que notre gouvernement jusqu'ici a atteint ce but avec ses dollars d'argent uniquement parce qu'il en a émis une quantité limitée, et qu'il a pu les *rembourser en or*. Il a agi exactement comme vous agiriez, en prenant une feuille de papier et écrivant dessus : « Ceci est bon pour un dollar et je promets de le payer ». Cela serait votre « fiat » monnaie. La question se pose ainsi : combien de temps pourriez-vous amener les gens à prendre ces feuilles de papier pour des dollars ? Combien de temps s'écoulerait avant que des gens soupçonneux ne prétendent que vous en avez émis trop ? Ce jour-là, vos morceaux de papier seraient perdus de réputation. Les gens commenceraient à redouter que vous ne puissiez payer tous les dollars promis, s'ils vous étaient demandés, et, à partir de ce moment, vous ne pourriez en émettre davantage. La situation pour les gouvernements est exactement la même. Tous peuvent maintenir le cours de leur « petite monnaie d'appoint », sans qu'elle contienne une quantité de métal égale à la valeur indiquée. Et ce serait un pauvre gouvernement que celui qui ne pourrait aller un peu plus loin, et amener les gens à accepter de lui de « l'argent » qui n'est de « l'argent » qu'en partie. Mais souvenez-vous que n'importe quel gouvernement aura vite fait d'épuiser son crédit, s'il continue à émettre comme « argent », ce qui n'a pas une valeur intrinsèque comme métal, sur toute la surface de la terre. Il n'est pas de nation qui n'ait dû, à de certaines époques, refrapper sa monnaie « altérée », faire faillite à ses engagements et passer par les dangers et la honte de la perte de son crédit et de sa position. Dans beaucoup de cas, la monnaie « altérée » n'a jamais été remboursée, et la perte a été supportée par les gens pauvres qui la détenaient.

Pourtant, il y a dans la présente « loi d'argent » un article important qui, s'il n'est pas modifié, peut arrêter l'émission « des dollars d'argent altérés ». Cet article exige que deux millions sur les quatre millions et demi d'onces d'argent achetés, chaque mois, soient convertis en argent monnayé, pendant une année. Après cela, on ne frappera que les quantités jugées nécessaires pour le remboursement des billets d'argent émis. Comme les gens préfèrent les billets à l'argent, on n'aura besoin de frapper que peu ou point du tout de dollars d'argent, et on n'émettra que des billets d'argent. Quand le gouvernement cessera de frapper des dollars d'argent, il apparaîtra au peuple, avec son vrai caractère, celui d'un énorme spéculateur en argent, ou, plutôt comme l'instrument des spéculateurs d'argent, empilant chaque mois, dans ses caves quatre millions et demi d'onces, non sous forme de « monnaie », mais en barres. Certainement, cette situation ne peut manquer de leur révéler le véritable état des affaires, et les amener à demander qu'on mette fin à cette téméraire spéculation.

Pourtant il est beaucoup moins dangereux, sous tous les rapports, de conserver en lingot, l'argent acheté que de le frapper en « dollars altérés », parce que cela rendra plus facile, dans l'avenir, la frappe « d'honnêtes » dollars d'argent — je veux dire de dollars contenant la quantité de métal qu'exige un dollar. Au lieu de 371 grains d'argent, on devrait en employer 450 ou 460. C'est à peu près la quantité que le gouvernement obtient, en échange d'un dollar. Je ne sache pas qu'aucune loi puisse procurer à la population de ce pays un bénéfice aussi durable. Mais il y a quelque chose de plus élevé que le bénéfice matériel. C'est l'honneur de la République. La frappe du gouvernement ne devrait certifier que la vérité.

Je ne crois pas qu'il y ait aux États-Unis beaucoup de personnes, à l'exception des propriétaires d'argent, qui voudraient voter le remplacement de l'étalon d'or par l'étalon d'argent. Si les américains comprenaient bien qu'il s'agit de savoir lequel de ces deux métaux — l'argent ou l'or — doit être choisi comme étalon, ils voteraient avec unanimité en faveur de l'or, dont la supériorité est si manifeste. Or, telle est bien certainement la question en jeu, bien que les avocats de l'argent repoussent toute intention de toucher à l'étalon d'or. Ils affirment qu'ils désirent seulement donner à l'argent la situation de l'or, en tant que monnaie. Mais c'est comme si vous vouliez avoir deux chevaux arrivant « premiers » dans une course ; ou deux « meilleurs » de n'importe quoi ; ou encore, comme si vous demandiez deux drapeaux nationaux pour le même pays. De même que le citoyen d'un pays doit choisir le drapeau sous lequel il combat et meurt, de même il doit choisir entre l'or et l'argent, pour son étalon financier.

Le produit-étalon ne peut pas plus partager sa souveraineté avec n'importe quel autre, que le drapeau américain ne peut partager la sienne avec tout autre drapeau dans son propre pays. La « monnaie » est soumise à cette loi : la plus mauvaise chasse la meilleure. Et la raison en est très claire.

Supposez que vous receviez, au change, une pièce d'or de cinq dollars et cinq dollars en argent. Il est permis de douter qu'un acte du congrès puisse maintenir pour toujours l'égalité entre l'argent et l'or. Quatre-vingt-dix-neuf personnes sur cent, pourront croire que la loi est capable de donner à l'argent cette valeur permanente quelle ne possède pas, en tant que métal. Mais, un homme sur cent, pourra avoir des doutes sur ce point. Je crois que mieux un homme connaîtra la « monnaie », plus il aura de doutes. Vous pouvez ne pas avoir de doutes, mais le fait que moi j'en ai, vous donnera cette pensée : « Après tout, il a peut-être raison, et moi j'ai peut-être tort. Je donnerai demain à Smith, mon épicier, cette pièce d'argent, et je porterai à la « vieille dame » (1) cette belle et brillante pièce d'or pour qu'elle me la mette de côté. Il n'y a pas au monde de loi votée par un congrès qui soit capable de diminuer sa valeur. Le métal qu'il contient vaut cinq dollars dans n'importe quelle partie du monde, indépendamment de la frappe du gouvernement. Ces cinq

______

(1) « The old lady (vieille dame) of Threadneedle » est une expression familière pour désigner la Banque d'Angleterre.

pièces d'argent valent seulement trois dollars et soixante-quinze *cents* comme métal. C'est bien entendu, je donnerai l'argent à Smith — *l'or est assez bon pour moi* ».

Soyez certains que Smith, aussitôt qu'il le pourra passera l'argent à Jones. Cet exemple sera suivi par beaucoup de personnes. Dans tout le pays, l'or disparaîtra des affaires et il ne restera en circulation que l'argent. Toute personne qui recevra de l'argent le donnera bien vite à une autre personne et lui assurera ainsi une circulation active. Toute personne qui recevra de l'or le gardera et ainsi le retirera de la circulation.. Dans ces conditions, si nous essayons, par une loi, de donner à l'argent une valeur artificielle, afin de l'employer comme monnaie, au lieu d'avoir plus de monnaie, nous en aurons bientôt moins. Les sept cent millions d'or actuellement en circulation et qui sont la base de tout, s'évanouiront rapidement. Le vaste monument de crédit élevé sur cette base sera ébranlé, et la masse des gens sera obligée de recevoir des dollars d'argent, qui, au lieu d'être comme maintenant remboursables en or et valant toujours 100 *cents*, ne vaudront plus que soixante-dix-sept *cents*. Car n'oubliez pas, que, comme je vous l'ai dit, 92 0/0 de toutes les opérations opérées avec de la « monnaie » reposent sur la confiance absolue des gens dans la fixité de la valeur de cette « monnaie ».

Mettez en circulation cent dollars de pièces « altérées », en plus de la quantité à laquelle tout le monde croit qu'une valeur égale à l'or peut être conservée, aussitôt la panique et une révolution financière seront à votre porte. Vous voyez qu'une quantité plus considérable de « monnaie » qui ne pourrait être utilisée que dans 8 0/0 de nos plus petites transactions financières, écraserait bien vite toutes les affaires importantes du pays, parce qu'elle ébranlerait la confiance sur laquelle reposent les autres 92 0/0. Le seul moyen d'être toujours à l'abri du danger, c'est d'émettre seulement une « monnaie » qui possède la valeur attestée par la frappe. L'Angleterre, notre seule rivale, est si rigoureusement fidèle à cette règle que, à l'heure actuelle, elle dépense deux millions de dollars, uniquement pour refrapper des pièces d'or qui, par l'usure, ont perdu quelques *cents* de leur valeur. Son estampille doit toujours dire la vérité. Notre république ferait bien de ne pas être moins jalouse de son honneur.

Comme vous l'avez vu, les partisans de l'argent eurent le désappointement de constater que les lois du Congrès n'avaient pu augmenter la valeur de leur métal. Deux fois, le gouvernement a cédé à leurs demandes, parce qu'on lui assurait que cette soumission aurait pour résultat de tirer le pays de sa dangereuse position, comme propriétaire d'argent. Deux fois, il a été déçu. Peut-être vous imaginez-vous que les propriétaires d'argent ont reconnu leur erreur et aidé le gouvernement à revenir sur un terrain solide, avec aussi peu de pertes que possible. Ils ont au contraire choisi le parti le plus audacieux, et ont vivement engagé le Congrès à voter la décision dont vous avez beaucoup entendu parler : « La frappe libre de l'argent ». Que signifient ces mots ? Ils signifient que le gouvernement sera obligé par une loi à ouvrir ses Hôtels de la Monnaie à tout l'argent dont les autres gouvernements européens sont embarrassés, à une partie de tout l'argent extrait des mines d'Europe ; et à donner pour chaque soixante dix sept *cents* de ce métal, une de ces pièces que vous êtes obligés d'accepter pour un dollar entier, en échange de votre travail et de vos produits. Ils signifient que le marchand européen enverra de l'argent chez nous, qu'il le fera frapper à nos Hôtels de la Monnaie, ou l'échangera contre un billet d'un dollar argent, et ensuite achètera pour un dollar entier de blé, de grain ou de tout autre produit, avec de l'argent dont il pourrait trouver seulement soixante-dix sept *cents*, en Europe ou dans toute autre partie du monde. C'est ce que l'Europe fait chaque jour avec l'Inde, la République Argentine et d'autres pays à étalon d'argent. Le marchand anglais achète du blé dans l'Inde, sur la base de l'étalon d'argent déprécié, le transporte en Europe et le vend sur la base de l'étalon d'or. De la sorte, il paye si peu pour le blé de l'Inde qu'il est devenu un dangereux concurrent pour notre blé, en Europe. Cela lui serait impossible si, en raison de la baisse de l'argent, le cultivateur Indien ne tirait de ses produits une aussi insignifiante valeur.

Il y a seulement quelques mois qu'on a voté le nouveau « Silver Bill » obligeant le gouvernement à plus que doubler ses achats, et déjà 8 millions de dollars d'argent de plus que ce que nous avons exporté, nous ont été envoyés par l'étranger — un fait qui ne s'est jamais produit pendant 15 ans, car nous avons toujours exporté plus d'argent que nous n'en avons importé. Actuellement, nous achetons tout ce que nos mines produisent, et nous nous embarrassons avec de l'argent d'Europe, pour lequel nous aurions dû recevoir de l'or. En dix-huit jours, durant le mois d'avril, nous avons envoyé à l'étranger neuf millions de dollars en or. Ainsi donc, vous le voyez, grâce à notre présente loi sur l'argent, l'Europe a déjà commencé à nous envoyer son argent déprécié et à nous prendre notre or pur — un échange dangereux pour le pays, et qui devrait remplir nos législateurs de honte. Remarquez, je vous prie, que jusqu'ici, sous le régime des deux lois qui l'obligent à acheter de l'argent, si mauvaises que soient ces lois, le gouvernement a pourtant obtenu le métal au prix du marché, qui est, à l'heure actuelle, environ soixante-dix *cents* pour 371 1-4 grains. C'est seulement cette quantité que le gouvernement a mis dans ce qu'il appelle un dollar. Sous le régime de la « libre frappe », tout cela changera. Alors, le propriétaire d'argent se procurera le dollar pour la valeur de soixante-dix-huit *cents* d'argent. Cette proposition, à mon avis, bat le record de l'audace, et pourtant lorsque « l'association des cultivateurs » réclame à grands cris, la « frappe libre », elle donne son appui à un plan qui consiste à prendre de la poche des gens, vingt-deux *cents* sur chaque dollar, pour les mettre dans la poche des propriétaires d'argent. Assurément, vous serez tous d'avis que si soixante-dix-huit *cents* d'argent doivent, par la volonté du gouvernement, représenter un dollar, c'est lui et non le propriétaire d'argent qui devrait prélever le profit de la différence de vingt-deux *cents*, sur chaque pièce, si l'opération réussit. Le gouvernement en a grand besoin, car comme je vous l'ai dit tout à l'heure, l'argent qu'il a acheté lui-même au prix marchand, ne pourrait être vendu aujourd'hui, sans une perte s'élevant à des millions.

Si la libre frappe de l'argent est imposée par une loi, nos cultivateurs se trouveront exactement dans la situation des cultivateurs de l'Inde. Et pourtant on nous dit qu'ils sont favorables à l'argent ! Si cela est vrai, on ne peut l'expliquer que par l'ignorance de leurs propres intérêts. Aucune classe d'Américains n'est aussi complètement intéressée dans le maintien de l'étalon d'or et l'abandon total des achats d'argent et des pièces altérées, que le cultivateur, parce que beaucoup de ses produits sont vendus dans des pays où existe l'étalon d'or. Si le cultivateur américain consent à accepter de l'argent au lieu d'or, cela permettra au marchand de Liverpool de faire ses achats sous le régime de l'étalon d'argent qui est actuellement de soixante-dix-huit *cents* pour un dollar, tandis que le cultivateur, pour tous les articles qu'il achète de l'étranger, devra payer sous le régime de l'étalon d'or. Il devra ainsi, vendre bon marché et acheter cher. C'est exactement cela qui met dans l'embarras l'Inde et les Républiques Sud-Américaines. Les prix pour les récoltes de cette saison, promettent d'être plus hauts qu'ils ne l'ont été pendant des années. Faites en sorte de les avoir sur la base de l'or.

Ouvrons nos Hôtels de la Monnaie à la libre frappe de l'argent, et offrons ainsi à toute personne de n'importe quel pays qui a de l'argent à vendre, une pièce de un dollar frappée et acceptée par le gouvernement, en échange de 371 1-2 grains d'argent, valant soixante-dix-huit *cents*, et chaque mine du monde travaillera nuit et jour, et chaque livre d'argent extraite, nous sera envoyée en toute hâte. Les nations d'Europe ayant déjà onze cent millions d'argent déprécié sur les bras, s'en débarrasseront promptement sur nous ; elles nous demanderont de l'or en échange de tous les produits qu'elles nous vendent, et ainsi elles nous déroberont notre or, pendant que nous prendrons leur argent. Avec la « libre frappe » en perspective, nous tomberons de l'étalon d'or à l'étalon d'argent avant même le vote de la loi. La vérité des derniers mots du regretté secrétaire Windom sera alors démontrée :

Avant que le plus rapide des levriers de l'Océan puisse débarquer sa cargaison d'argent à New-York, il est probable que le dernier dollar d'or sur lequel on pourra mettre la main sera mis en sûreté dans des cassettes particulières ou dans les caves des banques de dépôt, et n'en sortira qu'avec une forte prime pour l'exportation.

C'est une dangereuse mer que celle sur laquelle nous nous sommes embarqués. Pourquoi risquerions nous de compromettre l'étalon d'or pour l'étalon d'argent? Est-ce qu'il existe quelqu'un osant prétendre que l'étalon d'argent serait plus avantageux pour le pays? C'est impossible. Personne n'ose aller aussi loin. Tout ce que le plus enthousiaste des partisans du changement se risque à dire, c'est qu'il croit que l'argent pourrait devenir *aussi bon que l'or*. Nous savons tous que rien ne peut être *meilleur*. Demandons-nous pourquoi le propriétaire d'argent est le seul à demander qu'on donne à l'argent une valeur artificielle au lieu de sa valeur intrinsèque.

Quel intérêt y a-t-il pour quiconque, excepté pour le propriétaire d'argent, à ce que le métal argent cesse d'occuper la place que lui assigne sa nature, comme le cuivre et le nickel ? Pourquoi lui attribuerait-on d'autres mérites que les siens ? Nul n'avait de parti-pris contre lui. Il a eu une lutte loyale avec l'or. Le champ est toujours ouvert, pour lui ou pour tout autre métal, qui voudrait faire la preuve qu'il est une meilleure base de la valeur. Si l'argent obtenait une valeur marchande plus grande et plus stable que celle de l'or, il le supplanterait. Pourquoi alors ne pas donner au métal le rang qui lui est assigné par une épreuve loyale ?

L'or n'a pas besoin d'être soutenu par une loi ; il se recommande lui-même. Toute pièce d'or vaut exactement, dans n'importe quelle partie du monde, ce qu'elle prétend valoir.

Avec l'or, il n'y a ni doute, ni perte possible ; et, ce qui est non moins important, aucune chance de spéculation. Sa valeur ne peut être ni élevée, ni abaissée. Le spéculateur n'ayant aucune chance de jouer sur sa hausse et sa baisse n'en est pas partisan. Mais c'est précisément la raison pour laquelle vous devez le soutenir, puisqu'il vous donne une sécurité de valeur absolue et constante. Vos intérêts et ceux des spéculateurs sont opposés. Leurs gains sont faits de vos pertes.

Pour réclamer l'achat et la frappe d'argent, on prétend que le pays n'a pas assez d' « argent », et que la libre frappe de l'argent lui en donnera davantage. Mais si nous avons besoin de plus d' « argent », le seul métal qu'il soit sage d'acheter, c'est l'or. Pourquoi émettre vos billets pour de l'argent, dont la valeur baisse et ainsi entraîne à des dangers inconnus, quand pour ces mêmes billets, vous pouvez avoir le produit pur et solide par excellence, la seule vraie monnaie, l'*or*, qui ne saurait, en aucune façon, faire courir au pays le risque d'une perte ? Mais est-il vrai que le pays n'a pas assez d' « argent » — je veux dire du produit monnayé qu'on emploie pour les échanges des autres produits? Si c'était vrai, ce serait une découverte. Nous n'avons pas souffert du manque de monnaie « frappée » dans le passé. Il y a en circulation, pour chaque homme, femme et enfants, cinq dollars d' « argent », de plus qu'il y en eut jamais. Nous avons plus « d'argent » par tête qu'aucun autre pays d'Europe, excepté la France où les gens n'emploient pas autant de chèques et de traites que dans les autres pays — un fait qui rend indispensable une proportion de « monnaie » infiniment plus considérable que la nôtre.

A la vérité, on ne saurait faire une sérieuse objection au fait d'avoir exactement autant de monnaie frappée qu'il en faut, mais à la condition que ce soit de la monnaie honnête et non pas altérée.

Or, le seul moyen d'être sûr de cela, c'est d'acheter de l'or et de le transformer en « monnaie », et non d'acheter de l'argent dont la valeur future est douteuse, et dont l'achat a été jusqu'ici une spéculation malheureuse. Demandez au partisan d'une plus grande quantité de « monnaie », pourquoi l'or n'est pas — pour la nation — le meilleur métal que

le gouvernement puisse acheter et frapper, —
et voyez ce qu'il répondra. L'or est un
produit américain, autant que l'argent. Nos
mines fournissent plus de deux millions
de dollars d'or chaque mois. Il ne pourrait faire aucune objection, sinon que la
frappe de l'or ne servirait pas à maintenir les
prix du produit qu'il veut vendre, c'est-à-dire
de l'argent. Comment nierait-il que l'or procu-
rerait à la nation une monnaie plus sûre ?

Il existe un autre plaidoyer en faveur de
l'argent. Beaucoup d'hommes publics nous
disent que la libre frappe est « dans l'air, », que
les gens la désirent parce qu'ils croient qu'elle
rendra l' « argent » bon marché, et que,
l'argent ayant moins de valeur que l'or, leurs
dettes pourront être payées aisément. Ici, laissez-moi attirer votre attention sur un point.
Les épargnes et les biens des gens ne pourraient perdre ainsi de leur valeur que si l'étalon d'or baissait. Aussi longtemps que les billets du gouvernement seront maintenus égaux
à l'or, comme ils le sont actuellement, nul
changement n'est possible, quelle que soit la
quantité d'argent achetée ou frappée par le
gouvernement. C'est seulement après que la

crise financière serait venue, après que l'étalon d'or aurait sombré dans le désastre, après que chaque dollar d'or aurait été retiré et mis en réserve en vue de primes élevées, qu'un changement, favorisant une classe ou une autre pourrait se produire. Si une personne s'imagine vaguement qu'elle retirerait une économie ou un bénéfice quelconque des troubles dans lesquels le gouvernement se trouverait plongé avec sa monnaie d'argent altérée et ses achats d'argent, je la prie de se souvenir que, pour que cette vaine espérance se réalisât, il faudrait d'abord que le gouvernement devint incapable de maintenir le dollar d'argent égal à l'or, quand l'or disparaîtrait subitement et ferait prime. Un secrétaire du Trésor a sagement prédit le résultat :

Ce soudain retrait de 600.000.000 dollars d'or, avec la panique qui l'accompagnerait, causerait un malaise et des desastres commerciaux sans précédent dans l'histoire de l'humanité, et notre pays tomberait d'un seul coup à l'étalon d'argent, dès qu'il n'y aurait plus aucun encouragement à la frappe, et les dollars d'argent tomberaient à leur valeur en lingot.

L'homme qui tente d'amener ce désastre, dans l'espoir d'en tirer profit, est le frère de celui

qui voudrait faire dérailler un train express
dans l'espoir d'en piller le contenu, de celui qui
chercherait à diriger le navire de l'État sur un
rocher dans l'espoir de s'emparer d'une partie
de la cargaison naufragée. C'est un pillard
d'épaves et un spéculateur. Ses intérêts sont
opposés aux intérêts des masses travail-
leuses.

On nous répète constamment que la masse
de la nation est favorable à la « libre frappe de
l'argent », ou tout au moins aux présentes lois
sur l'argent, parce qu'elle a reçu, d'une façon
ou d'une autre, l'impression que plus on frappera d'argent, plus cela lui fournira de numéraire. Examinons ce point. Quand le gouvernement achète des lingots d'argent, il donne en
échange ses propres billets ou ses dollars
d'argent. Qui les reçoit ? Les propriétaires des
lingots d'argent. Comment ces dollars peuvent-
ils passer de leurs poches dans celles de la
nàtion ? D'après ce que nous savons des propriétaires d'argent, nous ne pouvons nous
attendre à ce qu'ils fassent cadeau à qui que ce
soit, d'un grand nombre de leurs dollars. C'est
seulement quand ils achèteront le travail ou
les produits d'autres personnes, qu'ils leur

donneront, pour 100 *cents*, ces dollars, qui ne leur en ont coûté que soixante-dix-huit. Donneront-ils plus de ces dollars à soixante-dix-huit cents qu'ils auraient à donner de dollars à 100 *cents* pour le même travail ou les mêmes produits ? Non, à moins que les efforts du gouvernement pour donner une valeur artificielle à l'argent n'échouent, que notre monnaie ne perde sa valeur, et qu'un dollar, pour les échanges, ne vaille plus qu'un demi-dollar. Calculés sur la valeur de l'or, ils auraient toujours moins de valeur qu'avant. Dans ces conditions, d'où les ouvriers et les cultivateurs peuvent-ils espérer un profit ? Ce sont les propriétaires d'argent qui, en donnant au gouvernement la valeur de soixante-dix-huit *cents* d'argent en lingot contre un dollar, auront un bénéfice. Assurément, cela est clair. Le dollar que le cultivateur ou l'ouvrier reçoit vaut un dollar, parce que le gouvernement a réussi, au prix d'efforts considérables, à lui conserver cette valeur ; mais quand nous aurons la « libre frappe d'argent » le dollar d'argent devra tomber à sa valeur réelle de soixante-dix-huit *cents*, et le fermier et l'ouvrier seront volés. L'intérêt du cultivateur, de l'ouvrier d'usine, de l'homme de peine, de tous ceux qui reçoivent des gages exige que la « monnaie » qu'ils reçoivent ait la plus haute valeur possible et non la moindre, que par suite, elle soit en or, et non en argent.

Jusqu'à ce jour, nous avons été attachés fermes à l'étalon d'or. Aujourd'hui, aux États-Unis, tout est basé sur l'or, parce que tous nos billets et toutes nos pièces d'argent ont conservé la valeur de l'or. Cette politique a-t-elle été bonne ou imprudente? Serait-il sage d'abandonner l'étalon d'or auquel toutes les nations avancées tiennent si fort, surtout l'Angleterre, et d'adopter l'étalon d'argent comme nos voisines les Républiques Sud-Américaines? Sur le roc solide de l'or, comme notre *produit-base*, nous avons construit le plus riche pays du monde, le plus grand pays agricole, manufacturier, minier et commercial qui existât jamais. Notre prospérité dépasse celle de toute nation sur lequel le soleil ait jamais brillé. Dans aucun pays les salaires du travail ne sont aussi élevés et le peuple n'est aussi à son aise. Abandonnerons-nous, ou même laisserons-nous compromettre l'étalon d'or? Telle est la question posée aujourd'hui devant la nation américaine.

Le *Evening-Post* de New-York est un organe libre-échangiste. Pourtant, il a déclaré récemment qu'il voterait plutôt dix « Mac Kinley Bills » qu'un seul « Silver Bill, » tel que celui qui nous était proposé. Et moi, en ma qualité de républicain et de protectionniste, je vous déclare que je n'hésiterais pas à abandonner le « bill Mac Kinley » et à voter le « Mills Bill » si, en échange, je pouvais obtenir que le présent « Silver Bill » soit rappelé et que l'argent soit traité comme les autres métaux. Dans la prochaine campagne présidentielle, si j'ai le choix entre un candidat favorable à l'argent et protectionniste, et un candidat favorable à l'étalon d'or et libre-échangiste, je voterai et ferai campagne pour le dernier, parce que mon jugement me dit que le tarif fiscal lui-même n'a pas une importance moitié aussi grande pour le bien du pays, que le maintien du meilleur étalon monétaire.

Ne serait-il pas bien que vous écoutiez les hommes qui ont votre confiance et qui ont été amenés, par leur position officielle, à étudier à fond cette question d'argent ? Le président Harrison a la réputation bien établie d'être un homme très consciencieux. Il n'est pas riche ;

il est même pauvre. Si une chose lui tient au
cœur, c'est à coup sûr l'intérêt des simples travailleurs de son pays. Il a étudié ce sujet, et il
nous déclare que la première conséquence d'un
dollar d'argent « altéré » serait de voler
l'homme pauvre qui le recevra en échange de
ses produits ou de son travail. L'ex-président
Cleveland, lui aussi, est un homme pauvre ; ses
sympathies sont avec les simples ouvriers, avec
les masses. Il étudia la question, afin de prendre une décision ; et, bien que beaucoup de
membres de son parti aient mené la croisade
pour l'argent — temporairement je l'espère
(car, laissez-moi dire à l'honneur du parti
démocratique que jusqu'ici, il a été le ferme
soutien de la monnaie la plus avantageuse pour
la nation) — M. Cleveland, dis-je, sentit qu'il
devait dire la vérité et combattre la libre
frappe de l'argent, parce qu'elle léserait les
intérêts de la nation. Sa lettre récente prouve
une fois de plus qu'il a les dons qui font les
conducteurs d'hommes et qu'il a le courage de
ses opinions. Il ne fait pas passer ses intérêts
personnels avant le véritable bien-être des travailleurs qui l'ont élevé à la présidence. A côté
de ces hommes, je citerai M. Manning. Jamais

démocrate plus capable, plus brave, plus grand que lui n'administra les finances de ce pays. Les mêmes éloges s'adressent à M. Windom. Ces hommes étaient amis du peuple, si jamais le·peuple eut des amis. Tous deux étudièrent avec soin la question d'argent, afin de la bien connaître et d'agir de façon à assurer le bien-être permanent de la nation. Tous deux se préoccupèrent sérieusement du danger de la « monnaie altérée » dont nous étions menacés, et ils s'efforcèrent d'empêcher les représentants du Congrès d'obliger le gouvernement à compromettre les intérêts du travailleur, lequel doit obtenir, en échange de son travail et de ses produits, la meilleure monnaie, ou bien être la proie des spéculateurs. Ces grands hommes, dont deux furent élevés par nos suffrages à la plus haute situation politique de la terre, avaient et ont encore à cœur de défendre les intérêts du peuple contre l'égoïsme de la minorité qui cherche à s'enrichir à ses dépens. Le fait que ces hommes qui ont été des adversaires politiques, soient d'accord sur cette question doit assurément donner à chaque cultivateur, artisan et travailleur des États-Unis, de graves raisons de croire que ce sont eux, et non les partisans de l'argent, qui sont ses plus sages conseillers.

Je terminerai en adressant un conseil à la nation. A moins que le gouvernement ne cesse de s'embarrasser chaque mois d'une nouvelle quantité d'argent, ou si la frappe libre de l'argent a des chances d'être adoptée, évitez l'argent. Pour vos économies, pour vos dépôts, choisissez l'or ; et demandez à la banque de vous donner un reçu pour de l'or. Les pauvres ne doivent courir aucun risque. Si vous ne vous hâtez d'agir ainsi, vous ne trouverez plus d'or disponible. Les spéculateurs et les hommes d'affaires prendront tout. C'est un fait bien significatif que aucune obligation, dont le payement n'a pas été spécifié en or, ne peut aujourd'hui être vendu avec bénéfice. Il y a un danger en perspective. Quoi qu'il arrive, avec l'or vous pouvez dormir tranquille. L'argent donnera de mauvais rêves aux hommes prudents. Notre gouvernement peut faire beaucoup, car il est très puissant. Mais, il y a deux choses qu'il ne peut faire : 1° il ne peut — seul contre le monde entier — donner à l'argent, d'une façon permanente, une valeur supérieure à celle qu'il possède, dans le monde entier, comme métal, et c'est pourtant ce qu'il tente de faire ; 2° il ne peut abaisser la valeur de l'or. Peut-être aurez-vous, un jour ou l'autre, de bonnes raisons pour me remercier de l'avis que je vous ai donné. Je souhaite que non.

N'allez pas croire pourtant que je désespère de la République. Cela je ne le ferai jamais. Fussions-nous plongés au milieu des difficultés inhérentes à l'argent, nos affaires fussent-elles devenues aussi mauvaises que le sont aujourd'hui celles de la République Argentine, où un dollar d'or vaut deux dollars et demi de monnaie courante, il n'y aurait encore aucune raison de craindre le résultat final. Le bon sens de la nation, après quelque temps, rétablira la base de l'or et la République reprendra sa marche à la tête des nations. Mais l'expérience que nous aurons faite de l'argent coûtera cher, et il est préférable que la perte directe soit supportée, autant que possible, par la minorité des capitalistes, que par la masse de la nation. Les capitalistes doivent souffrir davantage, parce qu'ils savent mieux que d'autres, comment se défendre. Toutes ces pertes, la nation les éviterait, si, comme j'en ai la conviction, on pouvait seulement lui faire comprendre la question. Son intérêt, en effet, beaucoup plus que celui des gens riches, repose sur une monnaie honnête, et, pour éviter la crise qui nous menace, il suffirait qu'elle signifiât sa volonté à ses représentants.

L'argent, en raison des changements de valeur, est devenu le jouet du spéculateur. L'or avec sa valeur fixe et invariable, fut toujours, et ne fut jamais autant qu'aujourd'hui, le meilleur métal pour la sécurité des masses.

J'aurai perdu mon temps, si je ne vous ai pas fait comprendre pourquoi il en est ainsi et, si je ne vous ai pas décidé à faire entendre clairement à vos représentants au Congrès que, quoi qu'il arrive, la frappe de l'État doit être loyale, que la monnaie américaine doit avoir une valeur plus haute et plus sûre que toutes les autres monnaies du monde entier, qu'elle doit être au-dessus de toute suspicion ou doute, que, dans l'avenir comme dans le passé, elle doit avoir comme étalon monétaire, non pas l'argent à la valeur variable, mais l'or à la valeur immuable.

Le Tabouret à trois pieds

Schema du travail universel. — La Triple-Alliance du Travail, du Capital et de l'Intelligence des affaires est nécessaire pour réussir. — Chacun de ces facteurs dépend des autres ; unis, ils sont invincibles.

LE TABOURET A TROIS PIEDS[1]

Toute entreprise industrielle nécessite l'association de trois éléments. Le premier, non par ordre d'importance, mais de date, c'est le capital. Sans lui rien de coûteux ne peut être édifié. C'est lui qui donne le premier souffle de vie à la matière jusque-là inerte.

Les bâtiments étant construits, équipés et prêts à donner l'hospitalité à n'importe quelle branche d'activité industrielle, le second associé entre en jeu. C'est l'Intelligence des affaires. Le Capital a terminé son rôle. Il a fourni tous les instruments de production. Mais, s'il ne peut s'assurer les services d'hommes intelligents pour diriger les affaires, tout ce qu'il a fait tombe en ruine.

Enfin, vient le troisième associé, le dernier dans l'ordre chronologique, mais non le moindre : le Travail. S'il ne joue pas son rôle, rien ne peut être accompli. Le Capital et l'Intelligence commerciale mis en œuvre sans lui, sont comme morts. Les roues ne peuvent tourner si la main du Travail ne les met en marche.

On peut écrire des volumes pour savoir lequel des trois associés, est le premier, le second ou le troisième en importance. Cela ne changera rien à la question.

Des économistes, des philosophes spéculatifs et des prédicateurs ont exposé leurs vues sur le sujet, pendant des centaines d'années, mais la réponse n'a pas encore été trouvée, et elle ne le sera jamais, car chacun des trois a une importance absolue et est également indispensable aux deux autres.

Il n'y a pas de premier, de second ou de dernier. Il n'y a pas de préséance. Ils sont les membres égaux de la grande triple-alliance qui dirige le monde industriel. Au point de vue historique, le Travail existait avant le Capital et l'Intelligence, car quand « Adam piochait et qu'Eve filait », Adam n'avait point de capital, et, si l'on en juge par les événements qui suivirent, aucun d'eux n'était remarquablement doué du côté de l'Intelligence des affaires. Mais c'était avant le règne de l'Industrialisme, et avant que les énormes placements de capitaux fussent nécessaires.

De nos jours, le Capital, l'Intelligence et le Travail manuel sont les pieds d'un tabouret à trois pieds. Lorsque les trois pieds sont solides et d'aplomb, le tabouret tient debout ; mais que l'un des trois faiblisse et se casse, qu'on l'arrache ou qu'on le brise, voilà le tabouret à terre. Et il ne peut plus servir à rien tant que le troisième pied n'aura pas été réparé.

Le capitaliste a donc tort qui croit que le Capital est plus important que l'un ou l'autre des deux pieds. Le support de ces pieds lui est indispensable. Sans eux, ou seulement avec l'un d'eux, il s'écroule.

L'Intelligence se trompe quand elle croit que le pied qu'elle représente est le plus important. Sans les pieds du Capital et du Travail, elle est sans utilité.

Et enfin, n'oublions pas que le Travail se trompe aussi quand il prétend avoir plus d'importance que l'un ou l'autre pied. Cette idée a été dans le passé la source de beaucoup d'erreurs déplorables.

Tous trois sont les associés égaux d'un grand tout. Unis, ils font des merveilles ; séparés, aucun n'est de grande importance. Jusqu'ici, en dépit des différends qui les ont par malheur séparés de temps à autre, le siècle qui finit a été plus bienfaisant que tous ceux qui l'ont précédé. L'humanité, sur toute la surface du monde, est meilleure qu'elle ne l'a jamais été matériellement et moralement, et, j'ai la foi qu'elle est destinée à atteindre des régions plus élevées, sous les rapports matériel et moral que celles qu'ont rêvé pour elles les plus enthousiastes rêveurs.

Le Capital, l'Intelligence et le Travail doivent être unis. Celui qui cherche à semer la discorde entre eux est l'ennemi des trois.

[Extrait d'un discours prononcé en présence des ouvriers de Homestead, à l'occasion de l'ouverture de la Bibliothèque et du Club des ouvriers, ouverts par M. Carnegie.]

Les puits de pétrole et de gaz naturel
de la Pensylvanie occidentale

Courte histoire de la découverte du pétrole et du gaz. — Méthode d'exploitation des puits et emploi des produits. — Fortunes faites avec un petit capital. — Emplois possibles dans l'avenir.

LES PUITS DE PÉTROLE
ET DE GAZ NATUREL
DE LA PENSYLVANIE OCCIDENTALE (1)

Que le nouveau combustible dont la terre
nous a récemment enrichis attire l'attention
générale, c'est ce dont il ne faut pas s'étonner,
car, à coup sûr, on n'a, jusqu'à nos jours, rien
connu de pareil. Il est probable que la région
du globe la plus riche en trésors souterrains
est la Pensylvanie occidentale dont la capitale
est la ville enfumée de Pittsburg. Au sud-est de
cette ville se trouve le fameux dépôt de houille
à coke, connue et employée dans toute l'Amé-

(1) Extrait du *Macmillan's Magazine*, janvier 1885.

rique, des bords de l'Atlantique aux mines d'argent du Colorado. Le filon est à une profondeur de sept à neuf pieds (1) et s'étend sur une surface de deux cents milles (2) carrés. Il est si favorablement situé pour l'extraction, que des milliers de tonnes de coke ont été vendues à raison de trois shillings et six pences la tonne brute (84 *cents*), chargée sur les voitures. Le développement de cette industrie a été rapide, même pour notre pays, car les hommes qui ont construit le premier four à coke sont encore vivants, et il existe aujourd'hui de neuf à dix, mille fours. Il y a seulement vingt-quatre ans que le coke a été employé pour la première fois dans les hauts fournaux. En 1882, on en faisait 138.001.840 bushels (3).

A l'est de Pittsburg se trouve le gisement de houille à gaz de Westmoreland d'où les villes de l'Est tirent leurs approvisionnements. Le filon est à une profondeur de cinq ou six pieds, et l'extraction est si facile que le chemin de fer de Pensylvanie paye son charbon tout chargé dans les tenders des locomotives environ trois

(1) Le pied anglais (foot) est d'environ 30 centimètres.
(2) Le « Mille » est égal à 1.609 mètres.
(3) Le « bushel » (boisseau) contient environ 3 décalitres.

shillings (71 *cents*) la tonne brute. Le gisement s'étend à l'est et au sud de la cité, le long des rivières Monongahela et Youghiogheny. C'est à des mines situées sur les bords de ces rivières que les villes, même aussi éloignées que la Nouvelle-Orléans, s'approvisionnent de houille à gaz. La production annuelle dépasse 7.000.000 de tonnes.

Si nous quittons maintenant les dépôts de houille à coke et à gaz, pour nous rendre |vers le Nord, à cent milles de Pittsburg, nous atteignons la région du pétrole. Pour si rapide qu'ait été le developpement de la houille à coke et à gaz, celui du pétrole dépasse tout ce qu'on connaît. Il y n'y a que vingt-deux ans que j'ai visité, en compagnie de quelques amis les puits de pétrole alors fameux de la ferme de Storey, sur la crique de l'Huile (Oil Creek). L'huile coulait du puits dans la crique, où se trouvaient quelques bateaux à fond plat qui en étaient chargés et prêts à être conduits au fleuve Alleghany, un certain jour de chaque semaine, quand la crique était remplie d'eau par le moyen d'un barrage temporaire. Ce fut là le début de l'industrie du pétrole. Nous achetâmes la ferme 8.000 L S (environ 30.000 D). Nous étions si peu convaincus que le sol pourrait produire pendant très longtemps les cent « barrels » (1) par jour que le puits produisait alors, que nous décidâmes de creuser un bassin capable de contenir 100.000 barils de pétrole, qui, selon notre estimation vaudraient 200.000 L S (environ 975.000 D) quand la production cesserait. Malheureusement pour nous, notre bassin fuyait de façon effrayante ; l'évaporation causait aussi beaucoup de perte ; mais nous continuâmes à y faire couler l'huile pour compenser les pertes de chaque jour, jusqu'à ce que plusieurs centaines de milliers de barils eussent ainsi disparu. Notre expérience avec cette ferme mérite d'être racontée. Sa valeur s'éleva à 1.000.000 L S (environ 4.870.000 D). Je veux dire que les actions furent vendues sur cette base ; une année elle paya en dividendes 200.000 L S (environ 975.000 D) — un assez joli revenu pour un placement de 8.000 L S. Mais c'est là un revenu exceptionnel ; des milliers de dollars placés sur les pétroles ont été perdus. Quelques années auparavant, la même huile se vendait huit shillings (environ deux dollars) la bouteille,

____

(1) La « barrel » (baril) contient 1 hect. 6341.

comme remède souverain pour tous les maux connus ou imaginaires de l'humanité. Elle s'appelait alors l'huile des Sénécas « le grand remède indien », parce que les tribus d'Indiens de ce nom, qui habitaient alors la région, écumaient l'huile à la surface de la crique. Le « remède souverain » coûte maintenant moins de trois shillings (environ 75 *cents*) le baril, mais, chose étrange, les gens qui l'achetaient avec empressement huit shillings la bouteille et se portaient garants de ses propriétés curatives, estiment que toutes ses vertus ont disparu depuis que la bouteille coûte un sou. Telle est la force du mystérieux, en matière médicale.

La région qui, il y a seulement vingt ans, n'avait aucune valeur, produit aujourd'hui (1885) 70.000 barils d'huile par jour. Le 1er novembre dernier, les réservoirs ne contenaient pas moins de 38.034.337 barils, une quantité suffisante pour satisfaire aux besoins du monde entier, pendant plusieurs années. Au 1er janvier 1884, la région avait produit 250.000.000 de barils de pétrole, et ce liquide continue à couler en quantités qui augmentent chaque jour. Pour transporter cette énorme quantité, il a fallu poser 6.200 milles de tuyaux de fer. Au moyen

de ces tuyaux, l'huile est pompée des puits —
qui sont au nombre de 21.000 — jusqu'au bord
de la mer, à une distanced'environ 300 milles.

La valeur du pétrole exporté et de ses produits en 1877 s'élevait à 61.789.438 D, ou plus
de 12.000.000 L S. En 1883, son exportation ne
représentait plus que 9.000.000 L S (environ
45.000.000 D), bien que le nombre des gallons
656.363.869) fût presque le double de celui de
1877. La quantité totale exportée au 1er janvier
1884 dépasse la valeur de 125.000.000 L S (environ 625.000.000 D) On peut affirmer, en toute
confiance, que les puits de pétrole de la
Pensylvanie occidentale promettent de produire,
avant d'être épuisés, de quoi rembourser entièrement la dette publique.

Nous arrivons maintenant aux trésors souterrains qui se sont révélés les derniers, aux
puits de gaz naturel qui se multiplient autour
de Pittsburg. De même que le pétrole se voyait
à la surface de la crique de l'Huile (d'où son
nom), de même, dans toute la région au nord-
est de Pittsburg, sur une distance d'environ
15 milles, on voyait de petits jets de gaz bouil-
lonner sur les eaux de la crique. Il y a bien des
années, on avait trouvé aussi, à une profondeur

de vingt pieds, un gaz des marais, dont les
fermiers se servaient quelquefois pour faire
bouillir la sève de l'érable et en retirer du sucre.
Le centre de cette région de gaz naturel est le
village de Murraysville dans le Westmoreland.
A cet endroit, dans le bief d'un petit moulin
à farine, une quantité de gaz plus considérable
qu'à l'ordinaire avait été remarquée ; il y a
quinze ans, un groupe de spéculateurs fit faire
des sondages, dans l'espoir de trouver du
pétrole, mais on fora à une profondeur de 900
pieds sans rien trouver. Sept ans plus tard, un
autre groupe résolut d'essayer à nouveau et de
n'arrêter le forage qu'après avoir atteint une
bien plus grande profondeur. Bien entendu, ils
espéraient trouver du pétrole, mais après qu'ils
eurent creusé à une profondeur de 1.320 pieds,
ils se produisit une terrible explosion qui chassa
hors du puits les machines à forer et mit tout
en pièces. Le rugissement du gaz qui s'échap-
pait fut entendu à Monroeville, à cinq milles de
là. La force emprisonnée avait enfin trouvé une
issue, et une nouvelle source de richesses fut
donnée à la Pensylvanie occidentale, déjà
infiniment trop favorisée, diront sans doute
mes lecteurs. Après qu'on eut posé quatre

tuyaux de deux pouces de diamètre à la bouche
du puits et qu'on y eut fait passer le gaz, on
alluma celui-ci, et la région fut éclairée sur une
surface de plusieurs milles. Ce précieux combustible fut gaspillé pendant cinq ans, faute de
capitalistes consentant à risquer 40.000 L S
(environ 200.000 D) en tuyaux destinés à l'amener aux usines et aux manufactures où il pût
être utilisé.

J'ai visité cette région, la semaine dernière,
et j'y ai vu 9 puits fournissant du gaz. Le gaz
des trois plus grands passait encore par l'air.
C'est là un merveilleux spectacle. Le gaz sort
avec une telle rapidité d'un tuyau de 6 pouces,
qui s'élève peut-être à 20 pieds en l'air, qu'il ne
brûle qu'à 6 pieds de l'ouverture du tuyau. En
regardant le ciel bleu et clair, vous y voyez
danser devant vous un feu follet doré, sans
lien visible avec la terre, qui au souffle du vent
prend des formes fantastiques et tournoie dans
toutes les directions. Comme le gaz qui vient
du puits frappe le centre de la flamme et la
traverse en partie, la partie inférieure de la
masse se replie intérieurement, produisant
ainsi le plus magnifique effet. Elle ne laisse
échapper aucune fumée.

Déjà quatre tuyaux, dont deux ont huit pouces de diamètre, amènent le gaz de cette région aux établissements industriels de Pittsburg ; un cinquième l'amène à nos aciéries Bessemer, à une distance de neuf à dix milles.

Le prix de la canalisation est évalué, d'après les très bas prix actuels, à 1.500 L S (environ 7.500 D) par mille, de sorte que le prix de la conduite jusqu'à Pittsburg peut être estimé à 27.000 L S (environ 135.000 D). Le prix du forage est d'environ 1.000 L S (environ 5.000 D). On procède ainsi : Après avoir installé un treuil à déclic, un tuyau de fer forgé de six pouces est enfoncé dans la terre meuble jusqu'à ce qu'il rencontre le roc, vers 75 ou 100 pieds.

On emploie alors d'énormes sondes, pesant dé trois à quatre mille livres, qui s'élèvent de 4 à 5 pieds par coup. Le combustible nécessaire au fonctionnement de ces sondes est amené des puits voisins par de petits tuyaux. Lorsqu'on a foré un trou de huit pouces à une profondeur d'environ 500 pieds, un tuyau de fer forgé de 5.5-8 pouces y est introduit pour repousser l'eau. On continue le trou sur six pouces de diamètre, jusqu'à ce qu'on atteigne le gaz ; alors on y descend un tuyau de quatre pouces. On emploie de quarante à soixante jours à forer un puits et à atteindre le gaz. On estime que le plus grand puits connu produit environ 30.000.000 pieds cubiques de gaz, en vingt-quatre heures, mais, on peut considérer la moitié comme le rendement d'un bon puits. La pression du gaz quand il sort de l'ouverture du puits approche ou atteint 200 « pounds » par pouce carré. Un des manomètres que j'ai examiné indiquait une pression de 187 livres (1). Même dans nos usines où nous employons le gaz à neuf milles du puits, la pression est de 75 livres par pouce carré. A l'un des puits où il était nécessaire d'avoir de l'eau pure, j'ai vu une petite machine mue par la pression directe du gaz, et l'on obtenait ainsi une eau excellente d'une source de la vallée.

Il y a naturellement diverses théories sur l'emplacement et l'étendue de la zone gazeuse. On a déjà foré assez de puits dans le district de Murraysville pour qu'on sache qu'elle a environ un demi-mille de largeur, et qu'elle s'étend au sud-est de Murraysville, sur cinq ou

(1) « Pound » (livre) 454 grammes.

six milles, Les puits forés au delà de cette limite, ont rencontré de l'eau salée en quantité assez considérable pour submerger le gaz. Il en venait un peu à la surface, juste de quoi prouver son existence, mais non de quoi en tirer parti. Les experts on conclu de là qu'il existait bien du gaz dans ces puits, mais au dessous d'une cuvette d'eau salée. Plusieurs puits ont été forés à Pittsburg et dans le voisinage, mais on a rencontré le même obstacle d'eau salée. Un géologue de mes amis m'informe que cette couche s'incline d'environ 6.000 pieds près de Pittsburg, et il prétend que cette dépression a été remplie avec de l'eau salée, et de là viendrait que les tentatives faites dans cette région sont demeurées infructueuses. Reste à savoir si en forant plus profondément ou en trouvant le moyen d'écarter l'eau, on ne pourrait pas triompher de cette difficulté. Au nord-ouest de Murraysville, on n'a presque rien, fait pour déterminer l'étendue de la couche gazeuse. Voilà pour le district de Murraysville qui fournit aujourd'hui la presque totalité du gaz consommé à Pittsburg.

Si quelques-uns de mes lecteurs veulent bien prendre une carte de la Pensylvanie occidentale et suivre le fleuve Alleghany jusqu'à une trentaine de kilomètres de Pittsburg, ils trouveront la ville de Tarentum qui est le centre du second district gazifère. Plusieurs grands puits y ont été trouvés, et il est très probable que de futurs travaux révèleront un territoire analogue à celui de Murraysville. Un puits récemment foré supporte la comparaison avec ceux de cette dernière région. Des capitalistes ont récemment décidé d'amener ce gaz à Pittsburg dans des tuyaux posés dans le lit du fleuve. Je ne doute pas qu'à la fin de l'année, ces tuyaux fonctionnent et que le district de Tarentum nous fournisse une grande quantité de gaz.

J'arrive maintenant au troisième district dont le centre est Washington (Pensylvanie), qui est situé à environ vingt-cinq milles au sud de Pittsburg. J'ai été en voiture jusqu'à cette région et j'ai passé la nuit chez un ami qui demeure à 12 milles des puits. Ceux-ci avaient été allumés et tout le ciel était brillamment éclairé par eux. Il nous semblait, malgré la grande distance, qu'un immense incendie faisait rage. Le matin suivant, nous nous rendîmes en voiture aux puits. Un tuyau de conduite a déjà été posé, et il amène le produit d'un de ces puits aux forges situées le long de l'Ohio, à Pittsburg, et deux nouveaux tuyaux de conduite sont en adjudication. Ce que nous vîmes là ressemblait beaucoup à ce qu'on voit dans le district de Murraysville, sauf que le gaz était pris à la bouche des puits par des conduits placés le long du sol, au lieu d'être dirigé verticalement dans l'air. De la route, le premier puits que nous vîmes dans la vallée semblait être l'enceinte d'un cirque immense ; la verdure avait été brûlée et la terre cuite par la flamme. L'enceinte était tout à fait ronde, parce que le vent avait poussé la flamme dans toutes les directions, et cette grande flamme dorée, étendue le long du sol, se balançant et tourbillonnant dans toutes les directions au gré du vent, produisait un effet saisissant. Le monstre Apollyon, moins la fumée, semblait être de nouveau sorti de sa tanière.

L'Amérique est généralement considérée comme un pays qui ne fait que recevoir des émigrants, mais de plus en plus les hommes parcourent la terre en tous sens. La race anglo-saxonne est en mouvement partout. Comme je m'apprêtais à franchir la palissade pour descendre vers le terrible monstre, j'aperçus l'affiche suivante :

VENTE PUBLIQUE

Le soussigné, sur le point de partir pour l'Australie, vendra publiquement,

LE JEUDI 25 SEPTEMBRE

à son domicile, au lieu dit La Ferme de Madame André Carlisle, à un mille et demi à l'est de Hickory, sur la route de Hickory et de Washington, tout son

Mobilier et ses ustensiles de cuisine

comprenant : armoires, lits, literie, chaises, tables, vaisselle, fourneau de cuisine, bref tout ce que je possède. La vente commencera à 1 heure précise et les conditions seront connues à ce moment.

VILLIAM TIPLADY.

A. W. Cummins, commissaire-priseur.

Quels motifs pouvaient donc éloigner M. Tiplady de cette magnifique région, l'un des plus beaux centres agricoles de toute l'Amérique, juste au moment où l'on y découvrait des trésors inespérés qui ne peuvent manquer d'y faire naître une activité inaccoutumée et de fournir à chaque homme des moyens de réus-

sir au-delà de ses souhaits ? Plusieurs hypothèses furent émises, mais la plus vraisemblable
était qu'il avait des parents en Australie et
qu'il avait décidé de finir ses jours parmi eux.
Son nom ne disait rien à aucun de nous, mais
il ressemblait à beaucoup de noms composés
qui nous avaient si vivement frappés au cours
de notre récent voyage en voiture à travers le
sud-ouest de l'Angleterre. Cela nous fit
penser qu'il venait de la mère-patrie. Un frère
avait probablement quitté la maison paternelle
pour les Antipodes, tandis qu'un autre cherchait un refuge dans la République. En vérité,
nous sommes une race de nomades et nous
errons sur toute la surface de la terre, sans
trève ni repos.

En plaçant nos mains sur le tuyau vibrant,
à la bouche du puits, et il faut des nerfs
solides pour s'approcher — et rester — si
près de la flamme qui tourbillonne en rûgis-
sant, nous fûmes surpris de le trouver froid
comme glace. A un autre puits, où l'on avait
installé un abri de bois au-dessus des sou-
papes, le tuyau était recouvert d'une magnifique couche de glace produite par la conden-
sation, et qui n'avait pas moins d'un huitième

de pouce d'épaisseur. On est en train de forer de nouveaux puits, et il est évident que le comté de Washington est destiné à fournir sa part du gaz consommé à Pittsburg. Ainsi, il est prouvé que sur les trois quarts du cercle qui entoure Pittsburg, à une distance de quinze ou vingt milles, il existe, en quantité considérable, du gaz qui n'attend qu'une issue pour s'échapper de sa retraite au-dessous de la couche de grès.

Examinons maintenant le gaz naturel au point de vue commercial. La première question qui se pose est naturellement celle-ci : Combien de temps durera-t-il ?

Des amis qui connaissent bien le territoire pétrolifère, lequel a beaucoup de commun avec le gaz naturel, m'affirment que dans vingt ans le territoire actuellement connu ne sera pas épuisé. Il n'est pas vraisemblable que nous ayons découvert tous les territoires contenant du gaz. Au contraire, il est fort probable que l'interruption de la couche près de Pittsburg est un simple accident local, et qu'on trouvera de nouvelles couches au sud-ouest de Pittsburg, sur une étendue de plusieurs milles. Ce sera sans doute la même histoire que pour la région à pétrole. Chaque mois, on entendait répéter que la terre ne pouvait supporter cette perte ; que non seulement des fleuves, mais des mers d'huile minérale seraient taries par un drainage de 70.000 barils par jour. De temps en temps, des spéculateurs, croyant que le rendement allait diminuer, se sont mis à acheter des millions de barils ; mais toutes ces spéculations endommagent ou ruinent ceux qui les font. Le pétrole à 10 dollars le baril était considéré à bon marché ; à 5 dollars, et à 1 dollar, il était presque donné. Et cependant aujourd'hui (1885), on peut l'acheter pour 70 *cents*, et le rendement des puits est plus grand que jamais. Il est probable qu'il en sera de même du gaz naturel.

Pour la fabrication du verre, qui se fait en immense quantité à Pittsburg, j'apprends que le gaz est beaucoup plus cher que le charbon, parce qu'il améliore la qualité du produit. Une maison à Pittsburg fabrique déjà des glaces des plus grandes dimensions, égales aux meilleures glaces françaises, et ce résultat est dû au combustible. Dans la fabrication du fer et surtout dans celle de l'acier, la qualité est également améliorée par la pureté du nouveau combustible. Dans nos usines de rails d'acier, nous n'avons pas, depuis plus d'une année, employé une livre de charbon. Nous avons agi de même dans nos forges. Le changement est saisissant. Là, où nous avions autrefois 90 chauffeurs à l'œuvre dans une chambre de chauffe, et où nous consommions 400 tonnes de charbon par jour, le visiteur qui se promène le long des chaudières ne voit qu'un seul surveillant. Le bâtiment ayant été blanchi à la chaux, on ne voit plus trace du combustible salissant d'autrefois, et les cheminées n'ont plus de fumée. Dans les « Union Iron Mills », nos puddleurs ont même blanchi à la chaux les magasins à charbon de leurs hauts fourneaux. La plupart des principales forges et verreries de la ville emploient aujourd'hui (janvier 1885) le gaz comme combustible ou se préparent à l'employer. Non seulement on économise ainsi le prix du charbon, mais aussi celui de l'allumage et de la manipulation. D'autre part, les réparations aux chaudières et aux grillages sont beaucoup moins nombreuses.

L'extrait suivant d'un rapport présenté par un comité d'études, à une récente réunion de la

Société américaine des ingénieurs mécaniciens, donne une idée de la valeur du nouveau combustible :

« Le gaz naturel est, après l'hydrogène, le plus puissant des combustibles gazeux, et, s'il est employé convenablement, un des plus économiques, parce que presque toute sa force calorifique théorique peut être utilisée à l'évaporation de l'eau. Etant exempt de tous les éléments délétères, en particulier du soufre, il fait de meilleur fer, de meilleur acier et de meilleur verre que le charbon. Il produit de la vapeur de façon plus régulière, parce qu'il n'y a pas de portes qui s'ouvrent, d'espace vide entre les barreaux des grilles qui laissent pénétrer l'air froid. Avec des dispositions convenables, il règle la pression de la vapeur, de façon que l'ouvrier n'a plus qu'à surveiller l'eau, et, cette surveillance même serait inutile si l'on osait se fier à un serviteur aussi volatile. Les chaudières dureront plus longtemps, et il y aura moins d'explosions dues à l'expansion inégale et à la contraction causées par les courants d'air froid sur des plaques chaudes.

. . . .

« Une expérience a été faite pour déterminer
la valeur du gaz comme combustible comparé à
celle du charbon, en ce qui concerne la produc-
tionde la vapeur. Nous employâmes une chaudière de 42 pouces de diamètre, de 10 pieds de
long, avec des tubes de 4 pouces. Elle fut d'abord
chauffée avec du charbon Youghiogheny de
choix, cassé en cubes d'environ 4 pouces
et le fourneau fut chargé de façon à obtenir les meilleurs résultats possibles avec la
cheminée qui était attachée à la chaudière.
Neuf livres d'eau vaporisée par livre de charbon consumé, tel fut le meilleur résultat
obtenu. L'eau était mesurée par deux compteurs — l'un au tuyau d'aspiration, l'autre au
tuyau de décharge. Elle était entretenue dans un
suréchauffeur à la température de 60 à 62 degrés.
Le suréchauffeur était placé dans le carneau
allant de la chaudière à la cheminée, dans l'expérience avec le gaz et avec charbon. Pour faire les
calculs, nous nous servions du « boisseau » de
soixante-seize livres employé dans le district de
Pittsburg. Six cent quatre-vingt-quatre livres
d'eau étaient vaporisées par boisseau, ce qui
faisait 60,9 0/0 de la valeur théorique du charbon. Nous brûlâmes ensuite du gaz sous la

même chaudière, mais avec un fourneau différent. Une livre de gaz, occupant 23.5 pieds cubiques, vaporisa 20.31 livres d'eau ainsi 83.4 0/0 de la chaleur théorique était utilisée. La vapeur était à la pression atmosphérique, une ouverture assez large ayant été réservée pour éviter tout excès de pression. On ne hâta la combustion ni du charbon ni du gaz. On découvrit qu'en bouchant le rang inférieur des tubes, on pouvait obtenir la même évaporation avec le charbon ; mais, avec le gaz, en bouchant tous les tubes (par le bout, près de la cheminée), et ne laissant que le passage nécessaire aux produits de la combustion, quand la pression sur les murs du fourneau était de trois cubes et que le feu était à son maximum d'intensité, on constata qu'on pouvait obtenir à peu près les mêmes résultats. De là, on conclut que la plus grande partie du travail était faite sur la paroi même de la chaudière. »

Les seules analyses de ce combustible naturel qui aient été jusqu'à présent publiées, sont celles de notre chimiste en chef, M. Ford. Elles ont été faites avec des échantillons de gaz pris au tuyau à son arrivée dans nos usines de rails d'acier, après qu'il a voyagé neuf milles pour venir des puits.

M. Ford m'écrit en ces termes :

« Inclus, vous trouverez quatre de mes dernières analyses faites le jour même où les échantillons ont été recueillis. A l'heure actuelle, ces recherches sont à l'état embryonnaire. Je désire, chaque fois que cela sera possible, sans nuire à mon travail de laboratoire aux aciéries, prendre des spécimens aux différents puits à gaz, et recueillir leurs sels, Je crois que j'ai découvert quelques faits intéressants relativement à ces sels, mais il serait fort imprudent d'exprimer, en ce moment, mon opinion sur ce sujet, puisque jusqu'à ce jour, je n'ai pas encore eu le temps ou l'occasion de me rendre aux différents puits et de recueillir leurs sels, et de confirmer, par ce moyen, ma première impression.

« Ma découverte du fait que la composition chimique du gaz varie de temps à autre surprendra certaines personnes, et ouvrira un champ nouveau à la pensée. Je désirerais, avant que ces résultats fussent rendus publics, m'assurer si le gaz des autres puits change comme celui des puits de Murraysville, et si le gaz de certains puits varie, tandis que celui des autres reste constant. La question se pose bien entendu de savoir quelle classe de puits durera le plus longtemps. Ce fait de la variation du gaz d'un même puits jettera certainement quelque lumière sur le sujet de la production de ce combustible et, si j'ose le dire, quelque lumière aussi sur celle du pétrole. Après avoir bien examiné tous ces points, j'ai résisté au désir de publier mes résultats avant d'avoir mes opinions confirmées et reconfirmées par de nombreuses analyses. Dans l'espoir que mes analyses vous seront utiles, je suis, etc.

« S. A. Ford. »

Analyse du gaz naturel

	Gaz de $\frac{8}{9}$	Gaz de $\frac{9}{12}$	Gaz de $\frac{9}{18}$	Gaz de $\frac{9}{22}$	Gaz de $\frac{9}{1}$
	p. cent	p. cent	p. cent	p. cent	p. cent
Acide phénique.....	rien	61	81	rien	67
Oxygène...........	2 60	40	61	61	2 00
Gaz oléfiant........	80	61	81	61	2 45
Oxyde de carbure...	40	61	81	40	3 12
Hydrogène.........	3 51	29 75	2 94	19 67	81 52
Gaz des marais.....	88 40	68 01	94 02	78 72	39 97
Azote.............	4 29	rien	rien	rien	19 35

Les recherches de M. Ford sont les seules, à ma connaissance, qui aient été faites, et mes lecteurs y trouveront tout ce qui, jusqu'à ce jour, a été scientifiquement déterminé au sujet du gaz naturel. Comment, où et en quelle quantité le gaz naturel est-il produit dans les régions souterraines? C'est là matière à conjectures. Ce qui est clairement prouvé, c'est que l'on trouve du gaz dans toutes les directions au-dessous de Pittsburg, excepté au nord-ouest, et que la couche gazeuse a environ un demi-mille de largeur, près de Murraysville. Mais on ne doit pas penser que ce soit là les limites véritables du gisement, car, au moment même où j'écris, la nouvelle m'arrive qu'un puits considérable a été foré à Canonsburgh, qui se trouve à environ huit milles des puits que j'ai visités dans le comté de Washington. En outre de ce puits, on a trouvé une nouvelle région à l'ouest de Canonsburgh, et le gaz de cette région est employé dans les établissements industriels de Beaver Falls (Pensylvanie), à 25 milles à l'ouest de Pittsburg.

Par conséquent, nous pouvons raisonnablement conclure que Pittsburg est le centre d'un gisement de gaz couvrant un grand nombre de kilomètres carrés et capable de produire tout le gaz dont on pourra avoir besoin dans la région, durant la génération présente, pour les usages domestiques, aussi bien que pour les usages industriels. A la fin de cette année, il sera amené à la ville par huit tuyaux, et le rendement qu'on a déjà ob*nu et qui actuellement se perd, dépassera la capacité de ces tuyaux de conduite. Deux de ces tuyaux ont 5 5/8 pouces de diamètre, quatre ont 8 pouces, l'un a 10 pouces et un autre 12 pouces.

De nombreuses théories ont été mises en avant pour expliquer l'existence de ce combustible, mais la plus raisonnable est celle que m'a donnée le professeur Dewar, de Cambridge, qui nous a récemment rendu visite, et qui a été profondément impressionné par ce qu'il a vu de cette nouvelle mine de richesses. Il est d'avis que le gaz est continuellement distillé par le pétrole, ou par les immenses couches de matières diverses qui se transforment lentement en pétrole, et que, par suite, longtemps après que la région pétrolifère aura cessé de fournir du pétrole en quantités rémunératrices, nous obtiendrons encore une abondante provision de gaz. Moins la couche d'huile sera profonde, et plus les conditions seront favorables pour une rapide distillation. Par suite, au lieu de mériter la situation peu enviable mais justifiée d'être désignée comme la ville la plus sale du monde, il est probable que la cité enfumée de Pittsburg pourra bientôt prétendre au titre de ville la propre. Quoi qu'il en soit, je pense que peu de personnes seront disposées à contester que, Pittsburg, grâce à toutes les ressources que j'ai tenté de décrire, est aujourd'hui, en ce qui concerne les trésors souterrains, la métropole de la plus riche région du monde connu.

Nota. — On a tant employé et tant gaspillé ce combustible naturel (depuis que cet article a été écrit), que ce qui semblait inépuisable a fini par devenir assez rare pour être précieux. Le gaz qui flambait à la bouche des tuyaux de dégagement et éclairait les rues de la petite ville avec des flammes de cinq pieds de haut est maintenant mesuré avec des compteurs et vendu au mètre cube.

Les Chemins de fer
d'autrefois et d'aujourd'hui

Les chemins de fer entre 1870 et 1880 ; rails, systèmes, vitesses, salaires et méthodes. — Les chemins de fer de l'avenir. — Les besoins de l'employé et ses responsabilités.

LES CHEMINS DE FER D'AUTREFOIS ET D'AUJOURD'HUI (1)

C'est pour moi un sujet de grande satisfaction et de quelque orgueil que d'avoir débuté dans le service des chemins de fer comme télégraphiste et de m'être élevé à la position d'administrateur de la division de Pittsburg du chemin de fer de Pensylvanie. Peut-être serait-il intéressant, au moyen de quelques faits, d'établir un parallèle entre les chemins du fer d'alors et ceux d'aujourd'hui. On nous demande toujours, en matière de chemin de fer, de regarder devant nous. C'est une des règles principales, mais il est bon aussi de

(1) Extrait d'un discours prononcé à une réunion d'employés des chemins de fer, à New-York, en janvier 1902.

jeter un regard en arrière et de voir le chemin qu'on a fait.

Quand j'eus l'honneur de devenir un employé de chemin de fer, le « Pensylvania Railroad » n'arrivait pas encore jusqu'à Pittsburg. En franchissant quelques milles en diligence, en escaladant des montagnes, au moyen de dix plans inclinés, le voyageur pouvait atteindre Philadelphie par voie ferrée. Sur les montagnes, les rails étaient en fer, avaient quatorze pieds de long et venaient d'Angleterre ; ils étaient posés sur d'énormes blocs de pierres de taille, bien que la ligne traversât des forêts et qu'on eût pu se procurer des traverses à bon compte. La Compagnie n'avait pas de ligne télégraphique à elle, et elle était obligée d'employer celle de la « Western Union ». Le directeur, M. Scott, le fameux Thomas Scott qui par la suite devint directeur, venait souvent au bureau du télégraphe de Pittsbourg pour s'entretenir avec son supérieur, le directeur général, à Altoona. J'étais alors un jeune employé, et je fis sa connaissance en télégraphiant pour lui.

Je recevais l'énorme salaire de 25 dollars par mois ; il m'en offrit trente-cinq pour devenir son secrétaire-télégraphiste : c'était la fortune. Laissez-moi vous féliciter de la grande augmentation d'appointements et de salaires dont vous jouissez aujourd'hui. M. Scott ne recevait que 125 dollars par mois — 1.500 dollars par an, et je me demandais ce qu'un homme pouvait bien faire avec tant d'argent. Il y avait un usage auquel je n'avais pas songé, à savoir qu'il pouvait en donner une partie. On discute souvent sur les avantages qu'un homme tire de la richesse, mais ce qu'il y a de meilleur dans la richesse, ce n'est pas ce qu'elle fait pour son possesseur; c'est ce qu'elle permet à celui-ci de faire pour les autres. Je servis assez longtemps, avant de recevoir une augmentation de salaire de dix dollars par mois. C'était là un énorme revenu, en comparaison de ce que je touchais lorsque je débutai à la filature de coton : 1 dollar 20 *cents* par semaine.

C'est un des faits les plus réconfortants de notre époque que, dans les conditions actuelles, les salaires des travailleurs tendent à augmenter, tandis que le prix des objets de première nécessité tend à diminuer. Il n'exista jamais une nation placée, à l'égard du travail, de façon aussi splendide que l'est la nôtre en ce moment.

23.

Tout homme sobre, capable et de bonne volonté, trouve un emploi à un prix, qui, avec de l'économie et une bonne ménagère, lui permet d'assurer l'aisance de ses vieux jours. Ceux qui ont le bonheur d'être mariés savent ce que vaut une femme qui sait tenir son ménage ; ceux qui ne le sont pas encore l'apprendront plus tard. Ce qui contribue le plus au succès et au bonheur d'un ouvrier, après sa bonne conduite, c'est une bonne ménagère. A ce propos, permettez à quelqu'un, qui presque sans le vouloir ou le désirer, s'est trouvé à la tête de quelque chose de plus que l'aisance, de vous dire, que tout ce que l'on possède au-delà de ses besoins, ne sert pas à grand'-chose, quelquefois ne sert à rien de bon. Ce que chacun doit s'efforcer d'acquérir, c'est l'aisance, sans laquelle Junius a sagement dit, que personne ne pouvait être heureux. Aucun homme ne devrait être satisfait avant d'avoir acquis cette aisance, si elle est à sa portée ; et je vous supplie tous d'épargner une partie de vos gains, durant vos jours de prospérité, et de placer ces économies dans des Caisses d'épargne, ou mieux encore de les employer à l'achat d'un « home ».

Mais revenons aux chemins de fer. Le président Thomson un jour, étonna la population de Pittsburg en disant qu'un temps viendrait où cent wagons circuleraient sur le « Pensylvania Railroad ». Les wagons d'alors transportaient 8 tonnes net. Nous avions de petites locomotives et l'état de la voie était quelque chose d'effrayant. Elle était couverte de rails légers et les assemblages était en fonte. Un matin d'hiver, on en trouva 47 brisés dans ma division. C'était sur une telle ligne que nos trains roulaient. Il n'était pas étonnant que les déraillements fussent fréquents. Nous n'avions pas de wagons couverts dans les trains de marchandises. Les conducteurs devaient rester en plein air par tous les temps. Il n'y avait qu'une seule voie, et comme il n'y avait pas de télégraphe, en cas de retard, les trains faisaient la course sur les courbes. Un homme avec un signal allait en tête des trains qui se rencontraient où ils pouvaient, et parfois se rencontraient avec une force considérable, à quelque tournant brusque. Il semble qu'il n'y a rien que les employés de chemins de fer aient autant de mal à apprendre que la proposition suivante : deux trains ne peuvent pas réussir à se dépasser sur une voie unique. Nous n'avons jamais pu nous mettre cela dans la tête, même à la division de Pittsburg.

En ma qualité de télégraphiste, je pris la direction du télégraphe de notre chemin de fer quand on le construisit, et je crois que c'est moi qui fis entrer dans les chemins de fer, la première jeune femme télégraphiste. Du moins, j'ai lu cela quelque part. A cette époque, le directeur devait s'occuper de tout ; il n'y avait pas de division des responsabilités. On ne croyait pas pouvoir confier à un subordonné le soin de faire partir des trains par le télégraphe, ou de s'occuper d'un accident. M. Scott et moi qui lui succédai furent, sous ce rapport, deux des hommes les plus naïfs que j'aie jamais connus. Nous allions voir chaque accident ; nous travaillions toute la nuit. Souvent j'étais absent de la maison pendant une semaine, ne dormant pour ainsi dire pas, à l'exception de quelques sommes rapides faits dans un wagon de marchandises.

En regardant en arrière, je vois quels pauvres administrateurs nous étions. Mais j'avais un grand exemple dans M. Scott. J'ai mis quelque temps à l'apprendre, mais j'ai fini par apprendre que les directeurs tout à fait supérieurs, tels que ceux que vous avez aujourd'hui, ne font jamais eux-mêmes aucun travail qui vaille la peine qu'on en parle. Leur talent, c'est de faire travailler les autres pendant qu'eux réfléchissent. Plus tard, j'ai profité de cette leçon, de sorte que les affaires n'ont jamais été pour moi un souci. Mes jeunes associés se chargeaient de la besogne, et moi du rire. Je crois pouvoir vous affirmer qu'il y a peu de succès, là où *il* y a peu de rire. L'ouvrier qui prend plaisir à son travail et rit des petits ennuis de la vie est assuré du succès. Ce qu'on fait bien est ce qu'on aime à faire et ce qu'on fait aisément. Lorsque vous voyez un président ou un directeur accablé par ses occupations, écrasé de soucis avec une mine aussi sérieuse que celle d'un juge qui prononce une sentence de mort, soyez sûr qu'il a plus de responsabilité, qu'il n'en peut supporter et qu'il a besoin d'être aidé.

Comparons par exemple, la vitesse des trains. Sur le grand « Pensylvania Railroad », nous pensions avoir atteint la perfection, quand un train de voyageurs allait de Pittsburg à Philadelphie en 13 heures, soit une vitesse de 27 milles par heure. On l'avait baptisé « l'Express-Eclair ». Non certes, parce que nous pensions que l'éclair était aussi lent que notre express, mais parce que nous croyions que cet express était extraordinairement rapide. Aujourd'hui l' « Empire State-Express », a une vitesse double, ce qui est le record du monde.

La génération prochaine aura des trains qui franchiront cent milles à l'heure, le double de la vitesse actuelle, exactement comme nos trains actuels ont une vitesse double de ceux d'il y a 30 ans. La ligne sera droite. Pour parler le langage de l'Ecriture, « les chemins tortueux c'est-à-dire les courbes, deviendront droits. »

Dans les améliorations qu'on fait aujourd'hui sur les différentes lignes, je crois que beaucoup d'administrateurs ne voient pas assez loin. Ils dépensent, en certains endroits, un demi-million de dollars quand ils devraient en dépenser le double ; ils adoucissent des courbes qu'ils devraient supprimer. Quelque président de l'avenir dira qu'ils ont gaspillé beaucoup d'argent. En 1950, et même avant, la ligne droite sera seule adoptée.

Mais il est un autre ordre d'idées dans lequel le progrès a été aussi grand et où il a eu plus d'importance que dans celui que je viens d'examiner. C'est le soin qu'on a des employés de chemin de fer, le souci de leur position, de leurs avantages, de leurs gains, et les systèmes de pensions que les principales Compagnies de ce pays ont senti l'obligation morale d'établir. De la sorte, ceux qui travaillent d'année en année, avec des appointements fixes, et sans aucun espoir de faire grands gains, ont au moins cette consolation, que dans leur vieillesse, ils pourront vivre dans une confortable indépendance, non par charité, mais grâce à leurs propres efforts, et aux bonifications bien méritées par leurs loyaux services. Je ne connais rien qui améliore le fonctionnement d'une grande ligne et ajoute autant à sa sûreté, qu'un personnel qui se repose dans la certitude qu'après de longues années de service, il aura une vieillesse tranquille, grâce aux pensions de retraites.

Avant peu, aucune ligne ne sera classée parmi les lignes de premier ordre, si elle n'a pas cet élément inestimable, je pourrais presque dire nécessaire : un personnel d'hommes dignes de confiance, intelligents et loyaux, animés de « l'esprit de corps ». Dans les gares de tête de lignes, on installe aujourd'hui des salles de lecture et des bibliothèques, et parfois, comme sur la route de Santa-Fé, des billards et d'autres distractions innocentes et nécessaires. Dans ces constructions, dans les Sociétés qui réunissent les hommes pour leur bien, dans toutes ces améliorations, et dans bien d'autres, je vois la preuve que les patrons comprennent beaucoup mieux que dans le passé leurs devoirs envers leurs employés.

Il faut aussi féliciter les employés de chemins de fer de ce que, partout où ces améliotions ont été réalisées, ils se sont efforcés de montrer qu'ils les appréciaient, et en ont profité le plus possible. Les Compagnies de chemins de fer ne peuvent faire un meilleur usage de leur argent que de l'employer à de nouvelles institutions de ce genre ou au perfectionnement de celles qui existent déjà et qui sont devenues trop petites. La Compagnie qui fera le plus pour ses hommes, dans le sens que je viens d'indiquer, est aussi celle qui fera le plus pour ses actionnaires. D'autre part, c'est dans ce réseau que le travailleur se sentira le plus chez lui, le plus fier d'être employé, et sera le mieux disposé à supporter le travail pénible et les risques inséparables de sa profession. Ce sera une preuve nouvelle que ses intérêts et les intérêts des actionnaires ne sont pas opposés, mais communs. C'est une grande erreur de prétendre que le Capital et le Travail sont ennemis ; ils doivent être alliés, sans quoi ni l'un ni l'autre ne peut prospérer. J'ai déjà comparé le Capital, l'Intelligence et le Travail aux pieds d'un trépied. Celui-ci ne saurait se tenir debout, sans le support de ses trois pieds, et il est inutile de discuter pour savoir lequel des trois est le plus important. On ne pourra jamais le déterminer, et quand on le pourrait, cela serait de peu d'importance puisqu'il demeurerait certain qu'ils sont tous trois absolument nécessaires. Des succès, comme ceux des grandes lignes de transport de notre pays ne sont possibles que grâce à cette union.

On doit aussi féliciter les employés de chemins de fer d'être les employés les plus sobres du monde. Ils sont un modèle, à proposer à tous les ouvriers des autres professions et leur exemple ne peut manquer d'exercer une très salutaire influence. De toutes les règles de conduite qu'un homme peut adopter aucune ne saurait lui faire plus de bien que de s'abstenir de boire de l'alcool. Un homme qui boit n'est pas à sa place dans les chemins de fer. Au fait, il ne devrait avoir sa place nulle part.

Les relations satisfaisantes qui existent en énéral entre les Compagnies de chemins de fer et leurs employés sont fort heureuses pour elles et pour eux. Elles existent, ou ne peuvent manquer de naître, là où les chefs sont intelligents et bienveillants, où ils sentent qu'ils sont membres d'une organisation chargée de faire marcher la ligne, organisation qui comprend tous les employés, depuis l'ouvrier de la voie, jusqu'à l'ingénieur de la locomotive, et jusqu'au président lui-même. Tous sont du *New-York Central*, du *Pensylvania Rairoad* du *Chicago, Burlington and Quincey*, du *Delaware, Lachawana and Western*.

Dans un chemin de fer, il ne peut y avoir d'antagonisme entre les employeurs et les employés, car le président et l'administrateur ne sont pas plus propriétaires du réseau que les employés. Tous sont membres du même corps, sont également les serviteurs de la Compagnie. Par suite, le chef reconnaît dans le contrôleur du train, dans l'homme d'équipe ou le mécanicien, des employés comme lui-même, pour lesquels il doit avoir des sentiments de bonne camaraderie; et de même ceux-ci ne doivent voir dans leurs chefs que des collègues, et comprendre que pour tous les détails d'organisation ou de discipline, les ordres de leurs collègues chargés de la direction ne sont pas dictés par leur intérêt personnel, mais par les intérêts de la ligne.

Il est un autre fait réconfortant. Le chemin de l'avancement est libre et direct. Chacun peut en témoigner ; car beaucoup de ceux qui possèdent actuellement l'autorité ont commencé dans les positions subalternes et se sont élevés grâce à leur mérite et non grâce à la faveur. Tout homme appartenant à l'armée industrielle des chemins de fer porte, comme Napoléon disait de ses hommes, « un bâton de maréchal dans sa giberne». Sur les employés des chemins de fer reposent de graves responsabilités; ils ont la garde de l'existence du public. Je ne dis pas du public qui voyage, car nous voyageons tous aujourd'hui. Une sobriété absolue, une vigilance sans relâche, un courage à toute épreuve, une discipline stricte, sont exigés d'eux et la preuve qu'ils possèdent bien ces qualités est suffisamment faite par le rang qu'ils ont su atteindre et qu'ils occupent dans l'estime de leurs concitoyens reconnaissants.

L'Ecole de Manchester et aujourd'hui

Discussion et réfutation de la théorie anglaise d'après laquelle chaque nation n'est qualifiée que pour une seule espèce d'industrie.

24.

L'ÉCOLE DE MANCHESTER

ET AUJOURD'HUI (1)

Tandis que l'ex-premier ministre Rosebery vantait récemment les triomphes de la liberté du commerce à Manchester, Goluchowski, ministre des Affaires étrangères, à Vienne, suppliait les nations européennes de se liguer contre la concurrence destructive des pays trans-océaniques : « Nous devons combattre l'ennemi commun, épaule contre épaule, s'écriait-il, et nous armer pour la lutte, avec tous les moyens à notre disposition. Les nations européennes doivent serrer leurs rangs pour défendre avec succès leur existence. »

(1) Extrait du *Nineteenth Century*, février 1898.

C'est ainsi que les extrêmes se touchent, et que nous constatons une fois de plus l'importance du point de vue auquel on se place. Si les prédictions de l'Ecole de Manchester s'étaient réalisées, les marchandises à meilleur marché venant de l'autre côté des mers seraient saluées comme un avantage économique, et comme une bénédiction par ceux qui les reçoivent, au lieu d'être considérées par eux comme une menace pour leur existence. Tous les ports seraient ouverts à cette affluence de marchandises, et les pays nouveaux qui les fournissent seraient regardés comme des bienfaiteurs. « Libre échange des richesses », était le mot de passe, quand on ne pensait pas encore que les marchandises envoyées par les pays neufs aux anciens pourraient devenir des articles concurrents. Et cela fait toute la différence.

Il y a soixante ans, la vapeur sur terre et sur mer — les steamers et les chemins de fer — commençait son œuvre révolutionnaire. L'Angleterre, sa créatrice, grâce à sa richesse en gisements de charbon et de minerai de fer, fut le théâtre naturel de son développement. L'univers était un simple spectateur de ses efforts pour asservir cette vapeur qui devait le changer. Si un autre pays désirait profiter des avantages des nouvelles inventions, il devait s'adresser à l'Angleterre pour tout ce qui les concernait. L'Angleterre avait compris sa destinée, elle allait devenir bientôt l'atelier du monde.

C'est alors qu'entra en scène l'Ecole de Manchester — Villiers, Cobden, Bright et leurs collègues — qui demandèrent, au nom des masses, l'abolition des taxes sur les aliments. L'abolition de ces taxes qui prit le nom de « Libre Echange », par opposition à « Protectionnisme », n'a guère de rapports avec la moderne doctrine protectionniste, telle qu'elle est comprise dans d'autres pays. Les droits d'alors n'auraient jamais été défendus par les protectionnistes d'aujourd'hui, parce qu'il était impossible qu'ils augmentassent considérablement la quantité des objets d'alimentation. La seule excuse valable d'un tarif protecteur, d'après les protectionnistes de tous les pays, c'est de n'être imposé que temporairement, dans le but de stimuler la production nationale de l'article taxé, de façon à ce qu'elle suffise aux besoins de la nation. Par ce moyen, au bout d'un certain temps, la concurrence intérieure permet à cette nation de trouver, à l'intérieur de ses frontières, un approvisionnement plus sûr, moins coûteux et meilleur que celui qu'elle se serait procuré à des sources étrangères.

Une taxe prélevée dans ces conditions est conforme aux idées exprimées dans le célèbre paragraphe de John Stuart Mill, dont John Bright disait un jour à l'auteur « qu'il ferait par la suite plus de mal au monde que tous ses écrits ne lui feraient de bien ». Marshall considérait cette même taxe comme bonne ou mauvaise suivant les circonstances. C'est là ce qu'on entend de nos jours, par « Protectionnisme », hors de l'Angleterre.

Les conditions qui ont motivé cette taxe n'ont nullement changé, et, par suite, l'œuvre de l'École de Manchester subsiste. Une pareille taxe mise aujourd'hui sur la nourriture produirait exactement les mêmes effets qu'autrefois, à moins que quelque merveilleuse découverte ne puisse rendre le sol de l'Angleterre capable de fournir en abondance la nourriture nécessaire à ses habitants. Dans ce cas, une taxe temporaire, si elle était nécessaire pour engager le capital à exploiter la découverte, serait justifiée.

Pour ces raisons, le protectionniste moderne repousse aussi vigoureusement qu'un adversaire de la Loi des Blés, les droits d'entrée des aliments en Angleterre.

Le prodigieux succès de ces inventions anglaises : le bateau à vapeur et le chemin de fer, et les bénéfices résultant des commandes de tous les industriels du monde entier, joints aux incontestables avantages découlant de l'importation libre des produits alimentaires, eurent naturellement pour conséquence de faire naître les visées les plus ambitieuses pour l'avenir et la prospérité du Royaume-Uni. Les heureux apôtres de l'Ecole de Manchester étaient, avec raison, les plus enthousiastes, et voici la leçon qu'ils tiraient des conditions existantes :

La nature a sagement décrété que toutes les nations de la terre dépendraient les unes des autres, chacune ayant sa mission spéciale. L'une a un sol fertile, l'autre de riches mines, une troisième de vastes forêts. Celle-ci a le soleil et la chaleur, celle-là un climat tempéré et cette autre un climat plus froid. Telle nation remplira une certaine fonction, telle autre une fonction différente, et ainsi de suite. Toutes coopéreront au bien général, chacune fournira ses produits naturels, et cela formera un ensemble harmonieux.

Quel beau tableau ! Le second postulat venait ensuite :

Il est évident que notre patrie bien aimée, la Grande-Bretagne a reçu la haute mission de fabriquer pour les autres nations. Nos parents d'au delà les mers nous enverront sur nos navires, le coton de la vallée du Mississipi ; l'Inde expédiera son jute ; la Russie son chanvre et son étoupe ; l'Australie ses laines les plus fines : et, nous, avec notre approvisionnement de bois et de charbon pour nos usines et nos ateliers, nos ouvriers habiles et nos fabricants, notre capital énorme, nous inventerons et construirons les machines nécessaires, nous transformerons ces belles matières en drap fin pour les autres nations. Nous façonnerons toutes choses et nous les rendrons propres à l'usage des hommes. Nos vaisseaux qui arrivent chargés des matières premières, s'en retourneront dans toutes les parties du monde chargés des produits que nous en aurons tirés. Cet échange de produits bruts pour des produits travaillés, d'accord avec les décrets de la nature, fait de chaque peuple le serviteur de tout autre, et proclame la fraternité humaine. La paix et la bonne volonté règneront sur la terre ; toutes les nations l'une après l'autre, suivront notre exemple, et le libre-échange des richesses s'établira partout. Les ports de l'étranger seront ouverts à nos produits manufacturés, comme les nôtres le seront à ses matières premières. —

Telles étaient les croyances, les espérances — espérances non déraisonnables, à en juger par les prémisses — de l'Ecole de Manchester. Il faut rendre cette justice à ces hommes qui furent grands et bons, que le tableau qu'ils peignaient, et que nous nous sommes efforcés de reproduire, devint une réalité. La Grande-Bretagne fut véritablement l'usine de l'univers ; chacune des grandes nations joua le rôle qui lui était assigné et rendit les services annoncés. Aucune nation, pas même l'Amérique, ne fit jamais de progrès aussi rapides, ni ne tira de l'industrie des richesses aussi grandes que la Grande-Bretagne, pendant cette période de son histoire. Les comptes-rendus de la « Barrow Steel Company » indiquaient des bénéfices de 30 à 40 0/0 par an ; une année, ils atteignirent le taux incroyable de 60 0/0, pour tout son capital. Cela n'est qu'un détail qui montre les énormes profits réalisés par les industriels anglais, quand le monde était à leurs pieds, et avant qu'une ardente concurrence n'ait réduit et souvent anéanti ces profits. Cette récompense, si grande qu'elle fut, était bien méritée par une nation qui avait donné au monde la vapeur, inauguré l'âge du machinisme et fait de tous les hommes ses obligés pour toujours.

La loi de nature, énoncée par l'Ecole de Manchester, était basée sur la supposition que les ressources des divers pays de la terre sont très différentes, que les aptitudes de leurs habitants des deux sexes ne le sont pas moins, et que la Grande-Bretagne seule pouvait réussir dans l'industrie. Que l'acier pour les outils, ou même n'importe quel acier, à plus forte raison des machines délicates, pussent être fabriqués ailleurs que là, — que des lainages, des cotonnades, du linge et des draps de la meilleure qualité, pussent être produits avec succès par des pays nouveaux — ; c'étaient là des hypothèses que nul ne songeait alors à émettre, et qu'on aurait tournées en dérision si elles eussent été émises.

Il n'est pas raisonnable de supposer que ces hommes éminents de l'Ecole de Manchester auraient jamais prétendu que les principales nations de la terre, ou celles qui aspiraient à le

devenir, se fussent contentées d'un rôle secondaire, si le champ industriel leur eut été
ouvert. La clef de voûte de l'édifice de l'Ecole
de Manchester était nécessairement l'idée que
les autres peuples étaient obligés, par la
nature, à jouer le rôle de producteurs des
matières premières et qu'aucun autre rôle ne
leur était possible.

Nous constatons aujourd'hui, au contraire,
qu'après une période d'aquiescement forcé,
les nations, avec une rare unanimité, ont aspiré
à prendre leur part de la tâche plus élevée qui
consiste à transformer leurs matières premières
en objets finis, pour leur propre consommation ;
et que, ni les intelligences, ni les capitaux anglais
ne leur ont manqué pour assurer leur succès.
C'est même surtout grâce à eux que la concurrence contre leur propre pays a été rendue possible en Extrême-Orient. Bien loin que les ressources des autres nations fussent généralement
médiocres et impropres à l'industrie, que leurs
habitants ne fussent bons à rien, comme l'École
de Manchester le prétendait, le succès de leurs
efforts industriels, a été dans l'ensemble, surprenant. L'Allemagne est devenue l'un des
principaux pays manufacturiers. La France et

la Suisse ont presque monopolisé en Europe l'industrie de la soie. La Russie est en train, sous la direction des ingénieurs américains les plus distingués, de construire des aciéries et des fabriques de machines. Deux de ces établissements, déja très avancés, rivalisent aujourd'hui avec les meilleures usines d'Amérique, sur lesquelles ils ont été copiés. Le Japon et la Chine bâtissent des usines du type le plus récent et le plus perfectionné, toujours avec des machines anglaises et généralement sous la direction d'ingénieurs anglais. Le Mexique tisse des cotonnades, fabrique du papier, et on y construit en ce moment deux fabriques de bicyclettes. Dans l'Inde, les manufactures de chanvres et de coton sont déjà nombreuses et augmentent encore. A Bombay, une fabrique de machines vient de se fonder. C'est un fait connu qu'une seule usine anglaise expédie chaque semaine à l'étranger la machinerie complète d'une nouvelle usine. De l'Amérique, il est inutile de parler.

Ainsi toutes les nations de premier ordre, ou celles qui ont en elles les éléments pour le devenir, ont rejeté le rôle que l'École de Manchester leur assignait, et aspirent à fabriquer ce dont elles ont besoin. Aujourd'hui, l'économie politique déclare que l'humanité a intérêt à ce que les frais de transport résultant de l'éloignement entre le producteur et le manufacturier soient économisés. Certaines tentatives de fabrication faites par de petites populations échoueront sans doute et seront abandonnées, mais, de façon générale, le succès semble assuré.

Quelques pays, notamment l'Allemagne et l'Amérique, non contents de subvenir à leurs propres besoins, exportent aujourd'hui dans d'autres pays des articles faisant concurrence à ces pays. Plusieurs de ces articles pénètrent dans la Grande-Bretagne, et si les hommes des autres nations ont eu longtemps l'habitude de recevoir d'innombrables articles *made in Britain*, les Anglais commencent, à leur tour, à recevoir des produits faits dans d'autres pays que le leur. On a découvert qu'ils ne sont guère différents des autres hommes. Les articles *made in Germany* leur causent de l'irritation. Des marchés passés avec des usines américaines pour des machines destinées à Londres, Dublin et Edimbourg, ne sont pas approuvés. Glasgow refuse une soumission américaine pour des conduites d'eau; elle

accepte les offres plus élevées d'une maison de
la ville. Quand une grande exposition de
bicyclettes a lieu à Londres, on n'y peut trouver de place pour les machines américaines.

Les commandes de l'État, même pour la
papeterie, doivent être réservées aux produits nationaux. L'entrée en franchise n'est
pas refusée aux importations, mais quand il
s'agit d'acheter... nul étranger n'a besoin de
se présenter. La malle-poste doit voyager sur
des navires anglais, même si elle subit un
retard de ce fait. C'est exactement ce à quoi
nous devions nous attendre, et cela est excu-
sable. Celui qui ne donnerait pas la préférence
à son propre pays sur les produits étrangers
serait un pauvre citoyen. Mais les Anglais
doivent s'attendre à ce que les Américains, les
Allemands et autres peuples ne soient pas
moins patriotes qu'eux. Les sentiments qu'ils
éprouvent à la vue des articles concurrents,
« fabriqués en Allemagne » ou en Amérique
qui envahissent leur propre pays, ils devraient
bien comprendre que l'Allemand et l'Américain patriotes, les éprouvent à l'égard des
objets concurrents « fabriqués en Angleterre »
qui entrent chez eux.

On s'aperçoit aujourd'hui que la nature a distribué plus généreusement qu'on ne se l'était imaginé les minéraux indispensables, le charbon, la chaux et le minerai de fer, de même qu'elle a distribué avec largesse, ainsi qu'on le savait déjà, la capacité de produire des matières premières. On sait également qu'elle a doué les hommes et les femmes de la plupart des pays, d'aptitudes latentes qui leur suffisent, dans les conditions nouvelles, pour manufacturer leurs propres matières premières, moins bien dans beaucoup de cas, mais parfois aussi bien, au moins pour une ou deux spécialités, que les Anglais et les Américains. Par suite il n'y aura plus dorénavant, seulement une ou deux nations industrielles importantes, mais un grand nombre.

Les prodigieuses machines, dont la plupart sont d'invention anglaise, principalement pour le fer et l'acier et les industries textiles, permettent à l'Hindou des Indes, au Péon du Mexique, au nègre de l'Amérique, au Chinois et au Japonais de travailler à côté des ouvriers les plus habiles de l'Angleterre et des Etats-Unis. L'habileté professionnelle n'est plus aussi généralement nécessaire qu'autrefois.

mais quand elle l'est pour quelques situations, les grandes usines peuvent se la procurer aisément dans les pays manufacturiers plus vieux.

Les machines automatiques peuvent être considérées comme le facteur qui contribue le plus puissamment à rendre moins indispensable au succès des usines, cette masse d'ouvriers habiles qu'on trouve en Angleterre ou en Amérique. Elles rendent ainsi possible la création de centres manufacturiers dans des pays qui, jusqu'à ces dernières années, semblaient destinés à rester de simples producteurs de matières premières. Nous trouvons partout aujourd'hui l'influence de ces nouvelles machines. On peut accepter comme un axiome que les matières premières ont désormais le pouvoir d'attirer les capitaux et aussi la main-d'œuvre ou de la former sur place. De la sorte, l'habileté professionnelle perd le pouvoir qu'elle avait autrefois de faire venir à elle de très loin les matières premières..

Ce n'est pas un changement : c'est une révolution.

Les citoyens les meilleurs et les plus capables de chaque pays sont poussés à favoriser le développement de ses ressources. Ils ne peuvent admettre qu'il faille cacher les talents dont ils sont doués. Ils voient clairement que la véritable loi de nature donne à beaucoup de nations la possibilité d'exercer des industries dans lesquelles les diverses aptitudes et talents de leurs habitants trouveront leur emploi.

Tout cela, l'Ecole de Manchester ne pouvait en aucune façon le prévoir.

C'est un plaisir que de suivre le mouvement des nations vers le progrès industriel dans les conditions nouvelles. Si un ou deux pays seulement fabriquaient pour tous les autres, l'intelligence de leurs habitants aurait été seule au service des inventions et améliorations. Aujourd'hui, les génies de plusieurs nations sont déjà à l'œuvre ; d'autres s'y mettront. Il n'est pas moins agréable d'observer comment le génie de chaque peuple le fait exceller dans un genre différent. Ainsi la France a presque monopolisé les tissus surfins, et depuis longtemps elle exerce la suprématie dans tout ce qui concerne les riches habillements féminins. L'Angleterre occupe le premier rang pour les machines à tisser. Initiatrice de l'industrie du fer et de l'acier, elle montre la voie au monde entier dans le développement d'une industrie parallèle, celle des fours à coke, qui jusqu'à ce jour n'a pas réussi en Amérique. Ce pays tient la tête dans l'application des procédés électriques et la fabrication d'outils et de machines. L'Allemagne est sans rivale pour les teintures chimiques. Elle a récemment inventé un nouveau condensateur pour vapeur qui donne les meilleurs résultats, et aussi un nouveau procédé remarquable pour la fabrication des cuirasses. Le progrès dans les choses matérielles reçoit ainsi le secours de nombreux esprits appartenant à toutes les nationalités.

L'ardente concurrence engagée entre les nations, et qui, nous pouvons nous y attendre, va devenir plus ardente encore, est le véritable moyen d'obtenir les meilleurs résultats. Elle doit être accueillie avec bienveillance et encouragée par ceux qui peuvent s'élever au-dessus de l'étroit point de vue des prétendus intérêts particuliers d'une ou deux divisions géographiques du monde, et qui ne considèrent que l'intérêt général de l'humanité.

Le monde industriel ne se développe pas dans le sens prédit par l'Ecole de Manchester, mais la grande œuvre accomplie par elle ne doit être ni rapetissée ni oubliée. Villiers,

Cobden, Bright et leurs pareils, en faisant abroger les taxes sur les aliments ont rendu à leur pays un service dont il ne saurait se montrer trop reconnaissant. Leur dévouement à la cause de la paix universelle, et à tout ce qui, suivant eux, tendait à créer la fraternité des peuples, assure aux chefs de ce mouvement une place dans l'histoire comme bienfaiteurs et comme avocats des plus nobles causes. Que quelques-unes de leurs prédictions aient été démenties ou renversées par des forces qui sont entrées en jeu après leur mort, cela n'enlève rien à leur sagacité et ne diminue en rien leurs services.

Le « Libre Echange » tel que l'Ecole de Manchester le conçut et dont elle prédisait l'acceptation universelle, c'était l'échange d'articles différents ne se faisant pas concurrence, l'échange de matières premières contre des objets manufacturés. Les nations n'avaient pas encore commencé à se faire une concurrence sérieuse pour les mêmes articles manufacturés. Cela ne s'est pas réalisé, puisque de nos jours les principales nations manufacturent leurs propres matières premières, subviennent à leurs propres besoins, et sont en concurrence sur le marché mondial pour des produits similaires, mais nous devons nous féliciter que quelque chose de meilleur encore, pour le progrès du monde, que l'idéal de Manchester soit en train de s'accomplir.

Il est inutile de se demander quels effets ce changement aura dans l'avenir sur les positions des relatives nations, puisque les conditions peuvent être modifiées du jour au lendemain. Une découverte chimique, une invention électrique, l'utilisation des propriétés d'une plante, n'importe laquelle de ces surprises ou de toute autre surprise que nous sentons parfois à la veille de se produire, peuvent souvent amener un changement complet. La substitution de la betterave à la canne à sucre vient de porter un coup funeste aux Indes occidentales qui semblaient posséder presque un monopole. La découverte des mines de Mesaba, l'amélioration des transports et quelques autres causes de moindre importance, ont permis à l'Amérique de fabriquer l'acier au meilleur compte, alors que récemment encore c'était elle qui le fabriquait au prix le plus élevé. Le procédé basique a mis l'Allemagne à la tête des producteurs d'acier, alors que sans lui elle semblait devoir être exclue de la lutte.

Ce procédé promet d'avoir des conséquences graves pour l'Angleterre. La découverte de mines et l'extension de son réseau de chemins de fer, feront bientôt de la Russie un pays manufacturier important, ce qu'il n'a pu être jusqu'à présent. L'utilisation des chutes d'eau pour la production de l'électricité remplaçant le charbon, déplace déjà quelques centres de fabrication. Tous ces changements sont d'hier.

Il n'est donc sage pour aucune nation, de s'enorgueillir sans raison de ses ressources présentes ou de ses espérances, et aucune n'a lieu de se décourager : « Nous ne savons pas ce que demain nous apportera. »

Le fer et l'acier
chez nous et à l'Étranger

La comparaison des conditions de l'industrie du fer aux États-Unis et à l'Étranger. — L'avenir de ces métaux.

LE FER ET L'ACIER

CHEZ NOUS ET A L'ÉTRANGER (1)

L'Angleterre a pu jusqu'à présent fabriquer et vendre l'acier à meilleur marché que l'Allemagne (l'Allemagne aujourd'hui fabrique 6 millions de tonnes et l'Angleterre n'en fabrique que 5 millions), et par suite elle tenait la tête en Europe, et même dans le monde entier. Mais sa position est devenue intenable. Elle ne peut fabriquer de coke à moins de 2 dollars et demi, la tonne. Il revient environ à 3 dollars la tonne aux aciéries. Elle ne peut même plus maintenir son approvisionnement· actuel de minerai. Celui-ci devient de plus en plus cher.

(1) Extrait du *Iron Age*, 1898.

Elle dépendait en grande partie des mines de Bilbao en Espagne, mais le minerai de ces mines a perdu de sa valeur et les propriétaires n'en garantissent plus la qualité. Les industriels anglais doivent le prendre tel qu'il est, et d'année en année, il deviendra plus rare. Etant donné cet état de choses, l'Angleterre ne peut plus fabriquer l'acier à un prix aussi bas que nous le fabriquons à Pittsburg pour le lui envoyer. De plus, l'Angleterre et d'autres pays étrangers sont devenus le « dépotoir » de notre surproduction, laquelle représente beaucoup plus que le profane ne le soupçonne. La « Carnegie Steel Company » fabrique plus de 200.000 tonnes d'acier par mois, et le président Schwab me disait l'autre jour qu'il croyait que bientôt, le tiers de cette production irait à l'étranger.

La position de l'Allemagne est devenue elle aussi fort difficile. Bien entendu, elle a des droits protecteurs très élevés. Grâce à ces droits, les industriels peuvent faire des combinaisons pour maintenir des prix élevés sur le marché national. Ils peuvent ainsi exporter et vendre très bon marché. Eux aussi essaient de faire du monde leur « dépotoir ». Mais il y a cette différence : les prix imposés au consommateur allemand limitent sa consommation. Au contraire, les prix extrêmement bas qui existent chez nous — 3 livres d'acier pour 1 *cent* — augmentent la consommation. L'Allemagne bâtit sur le sable. Je suis un protectionniste fervent, mais seulement dans le cas où il y a des raisons de croire qu'une protection momentanée pourra fournir au consommateur n'importe quel article, meilleur et à meilleur compte que s'il l'achetait à l'étranger. Si nous ne pouvons atteindre ce résultat, je n'ai pas foi en la protection ; si nous le pouvons, j'y ai foi. L'Allemagne abandonne cette sage doctrine économique, elle se protège pour se protéger, sans que le consommateur y trouve le moindre bénéfice. C'est là de mauvaise économie politique.

Il ne nous reste plus à désirer, pour augmenter encore nos exportations de fer et d'acier, que des services de navigation avec les diverses parties du monde. Nous ne pouvons espérer avoir jamais autant de facilités que l'Angleterre, parce qu'elle importe de toutes les parties du monde une grande quantité de marchandises volumineuses que nous avons le bonheur de trouver chez nous. Il s'ensuit que les navires anglais retournent avec des cargaisons, et que les frais de transport sont plus bas. Mais le prix inférieur de notre production nous permet de compenser ce désavantage. Si nous pouvions rendre aux États-Unis la situation à laquelle ils ont droit, celle de constructeur universel de navires, nous ne tarderions pas à diriger notre attention vers l'établissement de services maritimes réguliers, et, alors cet obstacle disparaîtrait. Dès maintenant, nos exportations deviennent assez considérables pour justifier la création de plusieurs lignes nouvelles, ainsi qu'on peut s'en rendre compte. Nous ne tarderons pas à être victorieux. J'ai déjà beaucoup insisté sur l'importance d'un chantier de construction navale à New-York. Nous sommes certains de l'obtenir. Le capital verra qu'il y a là pour lui une bonne occasion, puisque le travail de l'acier et du bois est meilleur marché à New-York qu'à Belfast ou sur la Clyde. Avant peu les capitalistes seront tentés par cette affaire.

Nos chantiers de construction actuels qui sont déjà prospères se développeront encore, mais, il y a largement place pour un bon chantier à

New-York. Il est humiliant de voir que le *Saint-Paul* le *Saint-Louis*, le *New-York* et le *Paris*, s'en vont l'un après l'autre aux docks de Southampton parce que le grand-port de New-York ne possède pas de docks capables de contenir ces petits navires. Oui, certes, petits navires. Je suis venu aux États-Unis sur le *Kaiser Friederik* construit en Allemagne. Quand on a voyagé sur un tel navire, on ne peut plus songer à rien autre. Notre traversée fut la plus rude que j'eusse jamais faite, et cependant ce fut la plus confortable.

La *consolidation* des intérêts du fer et de l'acier est une évolution naturelle. Si nous voulons vendre trois livres d'acier pour 2 *cents*, nous devons le fabriquer par millions de tonnes. C'est une âpre lutte engagée dans un but excellent. Qu'on passe en revue les résultats obtenus, durant ces dernières années par chacune des grandes Sociétés fabriquant l'acier, résultats qui sont connus du public par leurs comptes rendus annuels ou parce que leurs biens ont été entre les mains d'un syndic. On verra que vendre trois livres d'acier pour 2 *cents*, est une difficulté pour les meilleures d'entre elles. Il s'ensuit que tous les établissements qui perdent de l'argent cherchent une consolation quelque part, et le mot *consolidation* est pour eux quelque chose comme celui de *Mésopotamie*. Ne croyez-pas que je critique l'administration de ces établissements. Il s'en faut de beaucoup. Ce n'est pas l'administration qui est responsable, mais les circonstances. Ces maisons ne peuvent fabriquer et vendre de l'acier à un prix aussi bas, sans aller à leur ruine.

La « consolidation » est sage et nécessaire ; c'est un pas dans la bonne direction. Le fabricant d'acier doit se résigner à un très petit bénéfice par tonne. Quand une maison fabrique 1.500.000 tonnes par an, il ne faut pas beaucoup par tonne pour empêcher le loup d'entrer, surtout si elle n'a pas d'obligataires.

Quoique la consommation du fer et de l'acier soit énorme, les prix ne montent pas. Je ne crois pas que nous puissions augmenter cette consommation, par suite je prétends que la fabrication dépasse les besoins véritables. S'il en était autrement, nous aurions eu une grande hausse des prix qui au contraire restent bas, — trop bas, en vérité, pour que nos amis puissent faire des bénéfices convenables.

Les chemins de fer sont prodigieusement

prospères, surtout dans l'ouest. Il n'est guère à craindre que les rails qu'on peut fabriquer ne trouvent pas tous acheteurs. Autre chose : l'emploi des poutres métalliques se développera dans ce pays si les prix restent au taux actuel. En ce moment, un petit pays comme l'Allemagne emploie trois fois plus de ces poutrelles que les États-Unis. En Allemagne, personne ne songe à construire une maison ordinaire, sans la rendre incombustible. Ici, il n'y a que les millionnaires qui construisent des maisons incombustibles, et encore j'en connais plusieurs qui se sont fait construire récemment de vrais traquenards à incendie. Cela ne saurait continuer. Les maisons ordinaires aux États-Unis doivent devenir incombustibles, comme en Allemagne. Actuellement, la totalité de l'acier pour construction consommé aux États-Unis pourrait être fournie par la Compagnie Carnegie. C'est un commerce sans aucune importance, mais c'est une indication de la possibilité d'un emploi plus étendu et d'une consommation plus forte de l'acier et du fer.

Que ferais-je du tarif douanier si j'étais Tzar ?

Avantage de taxer lourdement les objets de luxe importés et de réduire les droits sur les matières premières et les objets indispensables. Quelques exemples frappants de tarifs bien et mal appliqués.

QUE FERAIS-JE DU TARIF SI J'ÉTAIS TZAR ? (1)

J'aime assez cette question, et je vais y répondre. Le secrétaire Carlisle estime que les dépenses du gouvernement national pour la présente année 1895 s'élèveront à 424 millions de dollars, et les recettes à 404 millions, soit un déficit de 20 millions. Il estime que l'an prochain, il y aura un excédent de 30 millions, à supposer que le chiffre des dépenses reste le même (2).

(1) Extrait du *Forum*, Mars 1895.

(2) Ce qui suit peut être la matière d'une comparaison intéressante. En 1901, le revenu total était de 587.685.338 dollars et le total des dépenses ordinaires de 509.967.853, soit un excès des recettes sur les dépenses ordinaires de 77.717.915 dollars.

Les dépenses pour les pensions diminueront
cette année de 18 millions de dollars, et avant
peu cette diminution s'accentuera, d'année en
année. La marine exigera à l'avenir des
dépenses moindres et l'augmentation de la
population et de la richesse nationale produira
de lui-même une augmentation des revenus.
Il n'y a donc pas lieu de s'alarmer de
la disproportion entre les dépenses et les
recettes du gouvernement, bien que le secrétaire d'état soit probablement un peu trop
optimiste dans ses prévisions pour cette année,
sous le régime des lois actuelles.

Dans les recettes du gouvernement, les droits
de douane figurent, cette année, pour 160 millions de dollars et on estime que l'an prochain
elles s'élèveront à 190 millions. La question se
pose ainsi : Que ferais-je du tarif douanier si
j'avais le pouvoir suprême ?

D'abord je me proposerais d'affranchir de
tout droit les objets de première nécessité
consommés par la majorité, et de taxer lourdement le luxe de la minorité. Je ne ferais
payer aucune taxe par les masses qui emploient
les produits du pays, mais je ferais payer les
droits de douane par les hommes et les femmes

du monde qui portent, à n'importe quel prix, les draps de luxe, les soies exquises et la lingerie fine. Cette classe riche qui est peu nombreuse deviendrait avec le nouveau tarif beaucoup plus *chic*, par le fait même qu'elle payerait le double des droits actuels. Les masses américaines qui fument du tabac et des cigares d'Amérique ne subiraient pas d'impôts plus élevés que ceux qui existent déjà, mais les messieurs riches et fastueux dont les narines délicates exigent le parfum de la Havane deviendraient plus utiles à l'État en payant au moins le double des droits actuels. Ceux qui boivent du Champagne ainsi que des vins fins, ceux qui achètent des porcelaines anciennes ou rares, des cristaux, de la parfumerie ou tous les articles de « luxe » du même genre, pourraient ainsi se vanter sans mentir de les avoir payés très cher. On ne devrait jamais oublier que c'est la minorité riche qui consomme les articles importés et que les produits nationaux sont consommés par les masses.

L'augmentation des droits que je propose sur les articles étrangers de luxe serait établie à titre, non de protection, mais simplement de recette. Si ce système augmentait incidemment les bénéfices de nos industriels, ce ne serait pas un mal. Mais cet avantage, s'il existait serait mince, puisque les qualités surfines des tissus de laine, de soie ou de fil ne se fabriquent pas ici, non plus que les vins et les cigares de prix et cent autres articles de fantaisie. Et cependant nos industriels nationaux sont presque complètement les maîtres du marché pour les objets de qualité ordinaire qu'emploient les masses.

Jusqu'à ce jour, on a adopté la politique contraire. On pourrait remplir une page avec la liste des objets de luxe dont les taxes ont été réduites par les nouveaux tarifs. Voici quelques-uns de ces dégrèvements : 50 0/0 sur la porcelaine, 40 sur les glaces et les vitraux peints, 16 sur les plumes en or, 28 sur les pendules, 72 sur les chapeaux et sur les objets tricotés, 68 sur la flanelle, 18 sur les parapluies de soie, 28 sur l'eau-de-vie et les spiritueux, 40 sur les soies, 30 sur les gants, 16 sur les fruits confits, les gelées, les dentelles, les broderies, 10 à 20 sur les laines et les soies. Ces dégrèvements sont le résultat de la taxe *ad valorem* qui a remplacé les droits spécifiques. Sous le régime du présent tarif, l'homme dû monde riche porte des draps étrangers surfins, du linge surfin, un chapeau de soie, des gants de chevreau, un joli parapluie de soie, il sirote un verre de vieux vin rare, et pour tous ces raffinements inutiles, il paye entre 20 à 70 0/0 de moins qu'avec l'ancien tarif. Son épouse, en grande dame, joue de l'éventail, agite son mouchoir brodé, fait parade de ses broderies exquises, se pare de soies superbes, en bénéficiant de réductions semblables, et, pour cela, elle adresse ses sourires et ses remerciements au nouvel ami du peuple, au jeune et brillant Virginien de l'Ouest. Celui-ci s'excuse de n'avoir pas réussi à abaisser les droits sur le champagne qu'elle lui offre, il explique qu'il n'y a pas de sa faute, et que son projet de loi originairement prévoyait aussi cette réduction. Des centaines d'articles de fantaisie, en laine, en toile ou en fil bénéficient maintenant de droits réduits. Ces réductions, comme nous le verrons plus tard, portent sur les articles de luxe qui fournissent les 2/3 du produit total des douanes. Il n'y a pas un seul travailleur dans tout notre pays qui se serve de ces objets de luxe. Telle est la « réforme du tarif », dernier genre, et telle est la façon dont « le fardeau de

l'impôt est épargné aux masses populaires. »
Etrange illusion ! Les riches seuls en ont été
débarrassés,

Ceci n'est pas une question de parti, car
aucun parti n'a vu dans les droits de douane,
un moyen de prélever l'impôt sur le luxe des
riches, en dehors de tout protectionnisme ou
libre-échangisme. Un tarif équitable replace-
rait le fardeau sur les épaules qui peuvent le
mieux le porter et imposerait les objets de
luxe beaucoup plus qu'ils ne l'ont été jusqu'à
ce jour.

C'est une erreur de prétendre que la consommation des articles de luxe serait sérieusement
diminuée par une augmentation des droits.
N'est-ce pas, au contraire le prix élevé d'un
objet qui le met à la mode ? Si l'on augmentait les droits d'entrée sur des articles de consommation générale, les importations baisse-
raient parce que d'autres articles pourraient
leur être substitués et que les masses regardent
beaucoup au prix. Mais cela ne s'applique
guère aux objets de luxe qui sont surtout
affaire de goût et de mode et sont achetés
uniquement par les riches pour lesquels la
question de prix est secondaire. Doubler la

xe sur le champagne, par exemple, ou sur
porcelaine, les laines, les soies, la lingerie,
dentelles, ce ne serait pas empêcher consi-
rablement la classe riche d'en acheter. La
ninution dans la quantité consommée ne
passerait probablement pas de beaucoup
ugmentation résultant de l'accroissement do
population et de la richesse. Le montant des
oits supplémentaires serait par suite bien
e égal à l'augmentation imposée. Mais même
des droits plus élevés réduisaient pour quel-
e temps d'un quart la consommation des pro-
its étrangers, les recettes seraient encore
gmentées d'un quart, dans le cas où les
oits seraient doublés. Et même si cette con-
mmation subissait une considérable réduc-
n, ce serait tant mieux. Derrière le nuage
ille le soleil, car une grande partie de la
hesse nationale serait ainsi consacrée à
chat de nos propres produits, ou tout au
ins ne serait plus employée à l'achat d'objets
perflus.

On pourrait prétendre aussi que les fabri-
nts nationaux finiraient par produire les
is belles qualités de matières tissées, si les
rchandises étrangères étaient lourdement

taxées. Dieu veuille qu'il en soit ainsi ; ce serait tant mieux pour le pays. Mais il faudrait des années pour qu'ils y réussisent et, longtemps avant l'accroissement des recettes qui résulte naturellement de celui de la population et des richesses, compenserait toutes les réductions d'importation. Dans quelques années, la décroissance des pensions, — la grande source de dépenses à l'heure actuelle, — débarrassera le gouvernement de la nécessité de percevoir d'aussi forts impôts.

Les droits de douane suivants furent perçus en 1892 sur les importations d'objets de luxe pour les riches :

Lainages	32.293.609	dollars
Soieries	16.965.637	—
Cotonnades	16.436.733	—
Toiles	10.066.636	—
Verres et porcelaines	10.339.000	—
Vins, liqueurs, etc.	8.935.000	—
Tabac et cigares	11.882.557	—

Voilà 106 millions de recettes provenant de sept catégories d'objets de luxe. En voilà quelques autres qui ont produit plus de 8 millions :

bijouterie, carrosserie, fleurs artificielles, pendules, brosses, papier, parfumerie, instruments de musique. Cela fait en tout une recette de 114 millions de dollars, sur un total d'importation s'élevant à 117 millions. Réduire les droits sur des articles qui servent au luxe des riches et qui fournissent les deux tiers du total des recettes douanières, tel est le principal résultat de la loi Wilson.

On ne saurait prétendre que ces articles ont été importés pour l'usage des masses populaires. Pour les lainages comme pour les soieries, les masses populaires des Etats-Unis se fournissent presque exclusivement chez les fabricants du pays.

La seule classe qui se serve de vêtements importés, de verre et de porcelaine étrangère, de vins étrangers et de tabac, c'est la classe riche. Pour prévenir l'objection que les objets employés, n'importe en quelle quantité, par les masses renchériraient par le fait de l'augmentation des droits, le projet de loi devrait spécifier que les vêtements de laine, de soie et de toile de qualités ordinaires seraient exemptés de cette augmentation. En réalité, on n'importe que les qualités supérieures, mais cette clause désarmerait toute critique. Si l'on avait seulement conservé les droits de 1892 sur ces objets de luxe de la minorité, le déficit actuel qui met le trouble dans nos finances aurait été beaucoup moindre. Nous avons là, à la vérité, une mine très riche qu'on devrait exploiter quand on entreprendra une nouvelle législation fiscale. Si l'on doublait les droits sur les objets de luxe et si l'on percevait 114 autres millions de dollars, ou si l'accroissement des droits diminuait d'un quart la consommation et si le gouvernement ne récoltait ainsi que la moitié de l'augmentation, comme il le ferait encore même dans ce cas extrême, nous aurions déchargé de 57 millions de dollars les épaules des masses laborieuses pour les placer sur les épaules de la classe qui aime le luxe, le plaisir et la prodigalité. Faire payer cette classe pour sa prodigalité serait un bénéfice pour elle et pour la nation. Si l'on essayait d'augmenter les droits de 50 0/0, les recettes seraient bientôt augmentées de presque tout le chiffre de ce supplément de taxe. Cela n'est ni de la protection, ni du libre-échange, et n'a rien à voir avec aucun des deux systèmes. C'est simplement une question de recettes. J'ose prétendre qu'il n'existe aucun autre moyen plus sage d'obtenir les recettes nécessaires que de les demander aux objets de luxe étrangers que consomme la classe la plus riche et la plus prodigue. Mon tarif doublerait à peu près les droits sur ces objets-là.

Quand on est mis en présence du fait que le principal changement introduit par la loi Wilson a été de réduire les droits sur les deux tiers des importations, exclusivement pour le bénéfice des riches qui seuls les emploient, on se demande comment un homme aussi capable, aussi honnête, aussi zélé et aussi irréprochable que M. Wilson, a pu s'imaginer qu'il « débarrassait les masses populaires du fardeau inutile de droits onéreux ». L'explication est facile : il manquait d'expérience ; il n'avait pas étudié la question. Je ne crois pas qu'il proposerait aujourd'hui une mesure si contraire aux intentions qu'il affiche. Il est profondément regrettable qu'un tel homme soit en ce moment relegué dans la vie privée simplement parce que son district a voté pour un autre. Notre coutume de ne choisir que des représentants résidant dans le district nous fait perdre beaucoup d'hommes de grande valeur. M. Wilson est aujourd'hui capable de faire d'excellente besogne parce qu'il possède la seule qualité qui lui manquait autrefois, la pratique des affaires. Nous avons besoin de tels hommes pour nos affaires publiques, et j'espère qu'il nous reviendra bientôt. Quelque jour, je pense, il défendra à la tribune un tarif douanier qui taxera plus lourdement le luxe des riches, au lieu de réduire les droits qu'ils sont seuls à payer.

Peu de personnes peut-être comprennent jusqu'à quel point les tissus étrangers sont réservés exclusivement aux riches. Prenons, par exemple, les lainages. En 1890, la valeur des produits nationaux était de 338 millions de dollars ; les lainages étrangers de grand prix ne furent importés que pour une valeur de 35.500.000 dollars. Leur prix par mètre étant bien supérieur à celui des qualités ordinaires fabriquées chez nous, le nombre des mètres ne s'élevait probablement qu'à 6 ou 7 pour cent de la consommation totale. Les cotonnades nous donnent des résultats semblables. En 1890, la valeur des produits nationaux fut de 268 millions de dollars, et le total des importations fut seulement de 28 millions.

Même à l'égard des soieries les produits manufacturés dans les usines américaines furent estimés à 69 millions de dollars, tandis que le total des importations représentait seulement 31 millions. La valeur des mètre de ces produits est elle aussi bien supérieure à celle des produits nationaux. Depuis 1890, les manufactures américaines de soieries se sont beaucoup développées et de plus en plus elles tendent à suffire à tous les besoins du pays.

Si l'on classait les lainages, les soieries et le linge étrangers d'après leur finesse et leur prix, on verrait que les marchandises de qualité ordinaire employées généralement par le peuple ont cessé d'être importées. D'ailleurs, elles ne peuvent l'être, dans des proportions importantes, même sous le régime de la loi actuelle. Le fabricant américain a conquis son propre marché. Il y a un autre point à considérer : une très grande proportion des tissus importés se compose non pas de drap au mètre, mais d'articles de fantaisie — passementeries, dentelles, garnitures, broderies, qui ne sont pas fabriqués chez nous.

A l'égard du charbon et du minerai de fer, qualifiés matières premières, le nouveau

tarif ne ferait pas de nouvelles réductions,
parce que celle qu'on vient de faire et qui est
de près de moitié, est déjà sérieuse. Il faut du
temps avant qu'une industrie se fasse à un tel
changement. De plus, le droit de quarante
cents par tonne sur le minerai et de trente
cents sur le charbon est relativement infime.
Ceci s'applique de façon générale au fer et à
l'acier qui ont eu récemment à supporter deux
réductions. La loi Mac-Kinley les avait déjà
dégrevés autant que vient de le faire la loi
Wilson — soit d'environ 30 0/0. Affranchir
de droits les liens d'acier pour balles de coton,
quand tous les autres objets en acier continuent à être taxés, est la plus grosse erreur
du tarif présent. C'est là un résultat de l'étroi-
tesse d'esprit qui est le fléau du système fédéral.
Il faudrait rétablir la moitié des anciens
droits.

Les œuvres d'art continueraient à entrer en
franchise et les cadres des tableaux, actuellement soumis aux droits, en seraient aussi
exempts. Les sommes insignifiantes prélevées
actuellement sur ces cadres ne sont rien, mais
les ennuis et les retards occasionnés par leur esti-
mation finiront par décourager les importateurs

de trésors artistiques dont la plupart entrent tôt ou tard dans les galeries publiques et deviennent ainsi la très précieuse propriété de la nation.

Il y a dans la loi de douane un point important qui n'attire pas le dixième de l'attention qu'il mérite : c'est le paragraphe qui permet à tous d'importer des matériaux et de les employer à la fabrication des articles destinés à l'exportation. Dans ce cas, il est fait une remise de 99 0/0 sur les droits. Voilà de la bonne politique qui, pour le développement du commerce de la République, a autant d'importance que la réciprocité. Cette clause serait incorporée dans mon tarif idéal, sauf que je ferais aussi la remise du 1 0/0 qui reste. De la sorte, l'industriel américain serait libre de profiter du marché du monde, sur les bases du libre-échange, pour les objets qu'il achète avec l'intention de les réexporter ; il pourrait présenter sur ces marchés tout ce qu'il a à vendre, dans les mêmes conditions que les fabricants européens. Quand des écrivains et des orateurs dissertent sur l'exclusion du fabricant américain des marchés du monde, grâce aux droits protecteurs, ils ignorent probablement qu'en

28.

ce moment, il est dans des conditions de libre-échange, en ce qui concerne ses matières premières, sauf ce droit de 1 0/0 que le gouvernement retient pour payer ses dépenses de comptabilité. Le nouveau tarif désarmerait la critique sur ce point en omettant aussi cet insignifiant 1 0/0. Les fabricants américains auraient alors tous les avantages du libre-échange, dans la lutte pour la conquête du marché mondial.

Toutes les qualités de laines étrangères que nous ne pouvons produire dans notre pays, à cause du climat, et qui pourtant nous sont utiles pour les mélanges avec nos produits nationaux, continueraient à être exemptes de droits.

Il n'y aurait pas d'impôt sur le revenu. Je ne connais aucun homme d'État, aucune personne .faisant autorité, qui ne dénonce l'impôt sur le revenu comme étant celui qui a le plus d'inconvénients. M. Gladstone fit un jour un appel au pays sur cet unique sujet, déclarant qu'un tel impôt tendrait à faire une nation de menteurs.

En théorie, c'est un impôt équitable, mais en pratique, il est si démoralisant qu'on peut, je crois, le considérer comme le plus pernicieux qu'on ait jamais imaginé, depuis que la société humaine a une organisation pacifique. En temps de guerre, toutes les mesures sont justifiables, mais la seule excuse pour l'impôt sur le revenu, c'est la nécessité impérieuse. Actuellement, une telle nécessité n'existe pas. Les recettes du gouvernement seront bientôt supérieures aux dépenses, ne serait-ce que par suite de l'augmentation de population et de richesse. On pourrait même les rendre telles dès maintenant, comme je l'ai indiqué plus haut, en taxant plus lourdement la prodigalité des riches.

La question des sucres est importante. Le sucre brut, les mélasses, etc., seraient imposés. Toutefois, on serait autorisé à admettre en franchise ceux qui viendraient des pays nous donnant en retour des avantages suffisants, ce qui reviendrait, de fait, à les exonérer tous. Les États-Unis jouissent d'un immense pouvoir par le fait qu'ils emploient annuellement 120 millions de dollars de ces articles achetés principalement à nos sœurs les Républiques de l'Amérique du Sud et à Cuba. Ce serait agir sagement que ne nous ouvrir le marché de ces pays en leur offrant des avantages sur les autres.

Le nouveau tarif pourrait accorder une prime temporaire au sucre national dans l'espoir que notre pays finirait par suffire à sa propre consommation. Les expériences sur la betterave et le sorgho ne devraient pas encore être abandonnées.

La politique des concessions réciproques serait rétablie, dans la plus large mesure. L'augmentation de nos exportations vers les pays avec lesquels nous avons des traités de réciprocité prouve que M. Blaine avait raison de croire que ce système habilement pratiqué nous fournirait le meilleur moyen possible d'assurer à notre pays un commerce extérieur qu'il ne saurait avoir autrement. Je crois que nous obtiendrions quelque chose en retour des pays à qui nous ouvririons notre marché du sucre, des mélasses et des tabacs. Nous avons déjà la preuve que cela est possible.

Bien que je sois opposé à un impôt sur la nourriture et les objets de première nécessité, je ferais une exception pour les produits du Canada, et cela indépendamment de toute doctrine de libre-échange ou de protectionnisme, uniquement pour des raisons de haute politique. Je crois que nous faisons preuve d'un manque réel de sens politique, en accordant des avantages commerciaux à un pays qui est vassal d'une puissance monarchique, laquelle peut-être considérée, comme détestant du fond du cœur l'idée républicaine. Si le Canada était libre, indépendant, prêt à partager le sort du continent, ce serait une autre affaire. Mais tant qu'il restera sur notre flanc, comme un ennemi possible, tant qu'il ne sera pas son propre maître, qu'il sera soumis à la volonté d'un pouvoir européen et qu'il sera prêt, à la requête de ce pays, à marcher contre nous à propos d'affaires qui ne le regardent pas, je lui ferais clairement sentir que nous le considérons comme une menace à la paix et à la sécurité de notre pays, et je le traiterais en conséquence. Il ne serait pas en même temps dans l'Union et hors de l'Union, si je pouvais l'en empêcher. C'est pourquoi, je taxerais lourdement tous ceux de ses produits qui entrent aux États-Unis. Et cela, je le ferais non par haine du Canada, mais par amour pour lui, dans l'espoir de lui faire comprendre que les nations de ce continent doivent être des nations américaines, et sont destinées, je l'espère, à former une seule nation. Je parle bien entendu des nations de langue anglaise. J'emploierais la verge, sans colère, amicalement. Mais, je l'emploierais.

Il faudrait que le Canada devienne membre de la République, ou qu'il se rende indépendant, et devienne ainsi responsable de ses actes dans la paix comme dans la guerre tout comme les autres nations sans pouvoir s'abriter derrière un pouvoir étranger. Il ne s'agit ici, je le répète, ni de libre échange ni de protection ; cependant cela rentre dans la question du tarif douanier. Je taxerais donc les produits du Canada, tant qu'il continuerait à être sous la dépendance d'un pouvoir européen.

La nouvelle loi de douane spécifierait que les deux partis politiques se sont mis d'accord pour qu'il n'y soit fait aucune modification avant 10 ans. De même que nous faisons un recensement tous les 10 ans, nous réviserions le tarif, par exemple l'année qui suivrait celle du recensement, afin de pouvoir agir en connaissance de cause. Ainsi, si les importations d'un article qui n'est pas exclusivement réservé à l'usage de la minorité riche, mais qui est de consommation générale, prouvait, par comparaison avec les quantités de cet article fabriqués chez nous, que nos fabricants ont presque complètement évincé leurs concurrents étrangers de nos marchés, les droits sur cet article pourraient être réduits. Si, au contraire, les statistiques prouvaient que les importations d'un article sont restées stationnaires ou qu'elles ont augmenté, par rapport à la production nationale, les droits sur cet article seraient relevés. Cette décision ne pourrait être influencée, en aucune façon, par les fabricants du pays ou les importateurs étrangers puisque nous aurions des chiffres établissant la situation. Personne ne pourrait les contredire. Bien entendu, il faudrait considérer si le fabricant national a prouvé qu'il serait capable un jour de produire l'article en question, de telle sorte que le consommateur finisse par l'obtenir à meilleur compte de lui que des fabricants étrangers. Si la commission chargée de réviser les tarifs, arrivait à établir que la fabrication de cet article ne convient pas à la contrée où nous vivons, il serait sage de cesser de la protéger, et d'accorder la franchise à cet article, ou du moins de ne l'imposer que pour les besoins de l'État.

L'esprit dans lequel la Commission aborderait la révision, serait celui d'un homme épris de la campagne, à l'égard de l'abattage d'un arbre. Elle devrait toujours considérer, comme le fait cet amoureux de la nature, qu'il est facile d'abattre un arbre, mais qu'il est impossible de le remettre debout.

Il importe comparativement peu que le pays perçoive, pendant quelques années, 5 ou 10 pour cent de droits de plus qu'il n'était nécessaire, sur un article étranger. Il est autrement important que ces droits soient plus faibles, de 5 à 10 pour cent, qu'il ne le faut pour permettre aux fabricants nationaux de continuer une lutte dont ils peuvent finalement sortir victorieux. En fait de législation douanière la règle devrait être, dans tous les cas douteux, de choisir le côté où il n'y a pas de risques à courir. Dans une Commission consacrée à l'étude de ces droits, il ne devrait guère, ce me semble, y avoir de place pour l'esprit de parti, car ses fonctions auraient, en quelque sorte, un caractère juridique. Les membres auraient pour but d'approvisionner le pays de tous les articles de consommation générale qu'il peut produire lui-même, à l'aide d'une protection temporaire, dans des conditions aussi favorables pour le consommateur que s'il les tirait de tout autre pays étranger.

Chaque fois qu'il est prouvé que les États-Unis ne peuvent atteindre ce résultat, pour quelque article que ce soit, alors, mais alors seulement, on devrait abandonner la protection et n'envisager que les revenus de l'État. Quant aux articles qui servent au luxe de la minorité, et sur lesquels la loi Wilson a considérablement réduit les droits, je prétends que le libre-échange et la protection n'ont rien à voir avec eux.

Il faut les imposer lourdement et uniquement pour des raisons financières, les imposer presque jusqu'au point où l'augmentation des taxes commencerait à produire une diminution des re/ ?ttes totales qu'on peut prélever sur eux. Aucune autre considération n'entrerait en ligne de compte pour le prélèvement des droits, car les recettes sont l'unique but que l'on recherche.

Je suis convaincu que ce point ne sera pas atteint, avant qu'on ait doublé les droits actuels sur les objets de luxe qui fournissent les 2/3 des recettes douanières. Je suis tout aussi certain que le secrétaire d'État Carlisle est dans l'erreur, quand il croit que les dégrèvements de ces articles, édictés par la loi Wilson, en augmenteront considérablement l'usage. La consommation des objets de luxe ne peut être augmentée ou diminuée, par n'importe quel changement de droits, que d'une façon très minime, bien faite pour surprendre les théoriciens, parce que pour les riches le prix n'est que secondaire.

En résumé :

1º Les droits de douane porteraient principalement sur les objets de luxe étrangers, à l'usage de la classe riche sans égard au libre-échange ou à la protection, mais comme moyen de recettes. Ces objets représentent les deux tiers de nos douanes.

2º Il n'y aurait pas d'impôt sur le revenu en temps de paix.

3º Les industries établies ne seraient pas soumises à des changements fréquents ou brusques ; on leur accorderait le temps de s'adapter aux conditions nouvelles. Une réduction immédiate, de plus de moitié sur un article, est inhabile et même dangereuse.

4º Les traités de réciprocité, à en juger d'après l'expérience déjà faite, sont le meilleur moyen d'étendre notre commerce étranger. Il faudrait revenir à ce système.

5° La prime sur les sucres du pays ne serait pas abandonnée, parce qu'il n'est pas encore prouvé d'une manière concluante, que le sucre de betterave et de sorgho ne pourra pas finir par être produit chez nous, en quantité suffisante pour approvisionner notre marché, dans des conditions favorables.

7° Les laines que nous ne pouvons produire chez nous, et qui sont nécessaires, pour les mélanges, entreraient en franchise.

8° Les objets d'art de toute nature seraient exempts de droits parce que tous les trésors artistiques finissent tôt ou tard par entrer dans les musées publics.

8° Le tarif une fois établi ne pourrait plus être modifié qu'au cours de l'année suivant chaque recensement, excepté dans des circonstances analogues à celles que nous subissons, dans lesquelles l'insuffisance des recettes nationales et la sagesse politique exigent qu'on demande des 'recettes supplémentaires aux importations destinées au luxe des riches . prodigues, et non aux premières nécessités de la vie des citoyens pauvres et sobres.

Tel serait un tarif douanier en faveur des classes laborieuses et des personnes qui mènent

une vie frugale et modeste. Ni les protectionnistes ni les libre-échangistes ne pourraient s'en
prévaloir, au nom de leurs principes, puisqu'il
ne serait conçu dans l'intérêt d'aucun de ces
systèmes, mais uniquement dans l'intérêt des
revenus publics. Il serait basé sur le principe qu'il est préférable pour le pays, que
ces revenus soient prélevés sur les objets de
luxe réservés au seul usage des riches.

Sous un tel régime, la question des douanes
serait entièrement éliminée du terrain politique et traitée seulement comme une question
d'affaires. Si ce régime pouvait durer dix ans,
sans être modifié, je suis sûr que notre pays
ne tarderait pas à reprendre sa marche vers
cette prospérité, — dans la mesure que les
tarifs douaniers peuvent accélérer cette marche —, après laquelle tant de monde soupire,
prospérité qui a caractérisé la période comprise
entre 1880 et 1890, durant laquelle un merveilleux développement s'est produit, et que
l'histoire considérera probablement comme l'âge
d'or de la République, du moins en ce qui concerne la prospérité matérielle.

Harmonie du Capital et du Travail

HARMONIE DU CAPITAL
ET DU TRAVAIL (1)

SYSTÈMES D'ASSOCIATION ET DE PARTICIPATION
AUX BÉNÉFICES

La « Carnegie Steel Company » était bien jeune encore quand elle découvrit que pour réussir, elle avait besoin d'hommes capables de faire fonctionner, de façon parfaite, les services dont ils avaient la charge. C'est ainsi que nous fûmes amenés à intéresser aux bénéfices les jeunes gens de notre entourage, quand ils faisaient preuve des qualités exceptionnelles qui

---

(1) Extrait d'un discours prononcé par M. Carnegie, à l'inauguration de « l'Iron and Steel Institute, » dont il est le président.

sont la source des gros dividendes. Nous leur donnions un intérêt modique sur le capital de la maison, sans tenir compte du fonds. Sur cette part, on prélevait les intérêts, et les bénéfices revenant à cette part, déduction faite de ces intérêts, étaient portés à son avoir. Une clause du contrat prévoyait qu'il pouvait être annulé par les trois quarts des collègues du contractant, à charge pour eux de lui rembourser la somme à son crédit. Cette stipulation avait pour but de prévoir tous les cas graves d'incompatibilité d'humeur, ceux où le bénéficiaire se montrerait incapable de remplir sa situation, ou encore de supporter la prospérité. En cas de mort les intérêts faisaient retour à la Compagnie, à leur valeur établie par les livres. Les jeunes gens n'assumaient aucune obligation financière, et leur part ne leur était transférée, qu'après qu'elle avait été complètement remboursée par les profits et exonérée de toute responsabilité. De la sorte leur attention au travail n'était pas troublée par des risques de perte. Ils n'étaient pas absorbés par la cote de la Bourse, leurs parts n'étant ni cotées, ni transférables. Ce système eut pour résultat de faire immédiatement plus de 40 jeunes associés, et ce nombre fut augmenté, au commencement de chaque année.

Grâce à cette combinaison, ils s'acquittaient rapidement de leurs intérêts et promettaient de devenir millionnaires dans un avenir qui semblait alors lointain, mais qui, en réalité, était proche. Ils sont aujourd'hui très riches. Je vous prie de remarquer que le système que nous avions adopté les tenait en haleine, tout comme des hommes pauvres vivant de leurs salaires. Ils avaient la possibilité de devenir, mais ils n'étaient pas encore, des millionnaires. Et c'est là une grande différence, car dans la constitution des millionnaires, même très jeunes, il se déclare souvent tant de points faibles, ignorés jusque là et nécessitant des soins minutieux, de nombreuses absences, des heures de travail écourtées, et une douzaine d'autres obstacles à des efforts sérieux et constants, qu'il ne semble pas bon pour leur santé de les charger mal à propos d'argent, avant leur âge mûr. L'aiguillon de la lutte disparaît trop vite. Il est fort rare qu'un employé millionnaire fasse de bien grands efforts à l'usine ou au bureau. On ne peut attendre cela de lui. Il a acquis le droit de prendre des loisirs pour son instruction personnelle. Quand il a gagné son indépendance, un homme contracte de nouveaux devoirs, envers sa famille et envers lui-même. L'argent ne doit être qu'un moyen d'atteindre un but.

A mesure que les usines s'agrandissaient, nous constations combien le succès dépendait des ouvriers, surveillants et contre-maîtres. Et pourtant avant cette époque aucun n'avait été élevé au rang d'associé. Les hommes d'affaires et les ouvriers — le bureau et l'usine — étaient encore séparés par un large fossé. Je n'ai pas oublié le premier essai que nous fîmes pour amener entre ces deux éléments des relations plus étroites. Il s'agissait de notre capitaine Jones, qui était alors bien connu et considéré comme un des meilleurs « managers », peut-être le meilleur de son temps, en Amérique. Il entra chez nous, en qualité d'ouvrier, à raison de 8 shillings par jour. J'expliquai au capitaine que plusieurs jeunes gens employés dans la partie commerciale étaient devenus nos associés et gagnaient beaucoup plus d'argent que lui, alors que ses services nous étaient au moins aussi précieux que les leurs. Je lui annonçai en même temps,

que nous désirions faire de lui un associé. Je
n'oublierai jamais sa réponse :

« M. Carnegie, je vous suis très obligé, mais
je n'entends rien aux affaires, et je voudrais
bien ne jamais avoir à m'en occuper. J'ai bien
assez de besogne dans les ateliers. Laissez-moi
comme je suis, et donnez-moi de très gros
appointements. »

— « A partir d'aujourd'hui, répliquai-je,
vos appointements seront ceux du Président
de la République des Etats-Unis » Et,
ils restèrent ainsi, jusqu'au triste jour de
sa mort. Les directeurs d'autres usines,
qui étaient mes aînés ne manquèrent pas de
m'accuser de ruiner l'industrie de l'acier, en
donnant à un ouvrier des appointements plus
élevés que les leurs. Etant beaucoup plus jeune
que tous ces grands dignitaires, je confessai
humblement mes torts, mais, en même temps, je
leur demandai s'ils savaient où nous pourrions
trouver deux ou trois autres capitaines John
auxquels j'étais prêt à donner un salaire double.
Le capitaine n'était pas trop payé ; il valait
pour nous plusieurs directeurs recevant un
salaire ordinaire. Ce refus de devenir notre
associé est le seul qui soit venu à ma connais-

sance. Aucun autre ouvrier ne préféra jamais un salaire à une participation aux bénéfices, et ils avaient raison. Rien ne vaut ce système. A partir de ce moment, l'union des ouvriers ou hommes d'affaires associés, alla se développant, jusqu'à ce qu'il n'y eut plus un seul contre-maître non intéressé aux bénéfices, et un seul conseil d'administration, ou commission importante, qui ne comptât au moins un représentant ouvrier. En vertu de ce principe, pour les ventes ou les traités importants, l'usine et le bureau conféraient ensemble. L'ouvrier et l'homme d'affaires étaient de véritables associés n'agissant jamais sans se consulter réciproquement. Cette innovation fut une des plus fructueuses que nous eussions jamais faite.

Nous fîmes un autre pas dans cette voie. Les hommes qui avaient d'autres hommes sous leur direction, reçurent une part prélevée sur les recettes ou sur les économies réalisées dans leur service. Quand il n'était pas possible de déterminer les limites d'un service, les directeurs recevaient, en plus de leur salaire, des primes élevées qui étaient calculées sur les bénéfices de l'année. De la sorte, tout homme exerçant une autorité quelconque, était plus qu'un simple salarié. Il se sentait placé sur le premier échelon de l'échelle conduisant tôt ou tard à l'association, et il valait au moins deux employés payés à la journée ou au mois.

Ce système de payer les chefs de service, suivant les résultats obtenus, s'est tellement développé et continue à se développer si rapidement, que nous pouvons le considérer comme ayant fait ses preuves. Il est bien peu de magasins avec plusieurs rayons et bien peu d'importantes maisons de détail qui n'aient été forcés de l'adopter.

Vraisemblablement ce système finira par être adopté, de façon plus ou moins complète, dans les usines. Le plus tôt sera le mieux. Plus il y aura de travailleurs participant aux bénéfices, plus il y aura d'harmonie éntre le Capital et le Travail, pour le plus grand bien des deux.

C'est toujours un plaisir pour moi que d'assister au départ d'une flottille de pêche, parce qu'on y emploie le système qui finira par se généraliser. Nul sur ces bateaux ne reçoit de salaire fixe ; chacun reçoit une part dans les profits.

C'est là l'idéal. Il serait fort intéressant de pouvoir comparer les résultats obtenus par une flottille où les hommes reçoivent des gages fixes. Mais une telle flottille a-t-elle jamais existé? Mon expérience me permet d'affirmer qu'un équipage d'hommes *employés* ne saurait valoir un équipage d'hommes *associés*.

Le grand secret du succès dans les affaires de toute sorte, et surtout dans l'industrie où une petite économie sur chaque opération a pour conséquence une fortune, c'est un partage généreux des bénéfices entre les hommes qui aident à les produire. Plus la répartition est importante, mieux cela vaut.

Des ressources qu'on ne soupçonné pas existent à l'état latent dans des hommes de bonne volonté qui nous entourent. Pour obtenir d'eux des résultats surprenants, il suffit d'apprécier leur valeur et de les mettre à même de se développer. Mais l'argent ne suffit pas. Les natures les plus sensibles et les plus ambitieuses ont besoin de sympathie, d'égards et d'amitié. Le génie, sous toutes ses formes, est susceptible. Or, c'est le génie, et non pas une intelligence ordinaire qui produit des résultats, même dans le domaine des affaires. Si vous voulez qu'un homme de premier ordre tire de son cerveau tout ce qu'il contient, commencez par gagner son cœur. Cette règle, je vous l'affirme, n'a pas de limites. Le simple manœuvre produit davantage quand il estime son patron. Qu'il s'agisse du travail manuel ou du travail de tête, c'est le cœur qui compte.

Une des principales sources du succès de la « Carnegie Steel Company » fut, sans aucun doute, son système de prendre comme associés les meilleurs de ses employés, et d'intéresser aux bénéfices tous ceux qui faisaient preuve de quelque valeur. Je recommande vivement ce système, parce que je crois qu'à cette époque de concurrence toujours grandissante, les maisons qui l'adopteront, toutes autres conditions étant égales, l'emporteront sur les autres et prospéreront.

Entre le Capital et le Travail, il y a toujours quelque querelle en évidence. Mais n'oublions jamais que les domestiques ainsi que les employés des petits ateliers qui travaillent avec leur patron, deux catégories de travailleurs qui embrassent de beaucoup le plus grand nombre des salariés, ont généralement une attitude très satisfaisante. Parmi eux, règne la paix. Bien entendu, il y a d'inévitables exceptions individuelles.

Ce résultat est la conséquence de la puissante et salutaire influence de l'élément personnel. L'employeur connaît ses hommes et l'employé connaît son patron. Ils ont 'l'un pour l'autre du respect, de la sympathie, de l'affection, et, par suite, ils vivent en paix. Quand il s'agit du service de nos maisons, nous savons tous combien ce dicton est juste : « Tel maître, tel domestique ; telle maîtresse, telle servante ». Nous avons là les relations entre employeurs et employés, sous [leur forme la plus étroite, et d'innombrables exemples attestent combien les relations personnelles tendent à faire régner l'harmonie. Le serviteur fidèle devient un véritable membre de la famille, il lui est profondément attaché, et la famille éprouve pour lui les mêmes sentiments. Il y a peu de chefs de maison qui n'entretiennent de vieux serviteurs, et jusqu'à leur mort ou à celle de leurs enfants, ces liens subsistent. L'amitié des maîtres et des enfants pour les vieux domestiques, et l'affection que ceux-ci leur rendent est un des traits les plus touchants de la vie.

D'où vient cette affection réciproque? Non pas assurément du payement des gages, d'une part, ni du simple accomplissement des devoirs, de l'autre part. Cela n'est pas suffisant. Elle vient de ce que chacun a fait quelque chose de plus que ne l'exigeait son contrat, qu'il a eu l'occasion de connaître les vertus, la bonté de l'autre, c'est-à-dire son caractère. Les termes stricts du contrat disparaissent dans une profonde estime mutuelle. Le travail n'est jamais complètement payé par l'argent seul.

Si les propriétaires-directeurs et les chefs de service des grandes administrations pouvaient seulement être connus de leurs hommes, et, ce qui n'est pas moins important, si les hommes pouvaient les connaître, et si, tous, pouvaient se montrer les uns aux autres, leur cœur aussi bien que leurs peines, nous trouverions dans ce domaine si souvent troublé, l'harmonie que nous avons tant de plaisir à constater entre maîtres et domestiques. Toutes les querelles du monde, entre les individus, entre les Sociétés par actions et leurs ouvriers et entre les nations, viennent de ce que les partis en lutte ignorent leurs qualités réciproques. « Nous détestons seulement ceux que nous ne connaissons pas », est une excellente maxime que nous ferions bien d'avoir toujours présente à l'esprit.

Là où nous constatons des relations plus amicales entre employeurs et employés, nous constatons également que les salaires fixes ont été, en grande partie, remplacés par des salaires proportionnés à la valeur des services rendus par les ouvriers qui exercent de l'autorité sur les autres. Ces services sont payés, non seulement avec de l'argent, mais avec une amélioration de situation, qui, souvent, a autant d'importance que l'argent, — et qui parfois quand il s'agit des meilleurs, en a davantage. La grande masse des ouvriers ordinaires continue à recevoir des salaires fixes, mais l'histoire des relations entre les employeurs et les employés nous apprend que ces salaires ont, eux aussi, beaucoup augmenté. Le mouvement qui tend à améliorer la situation des travailleurs n'a pas oublié les plus humbles. Il a atteint tous les ouvriers et a amélioré leur situation à tous.

Je laisse de côté l'époque où l'employeur du Capital possédait ses ouvriers et les traitait comme des esclaves. N'est-il pas surprenant de constater que, même à une époque aussi récente que 1799, le servage existait encore en Écosse? Les mineurs et les hommes de peine se vendaient avec la mine. Je parlais récemment à un mineur fort intelligent, dans le comté de Fife. Les mineurs de ce comté méritent leur extraordinaire réputation d'hommes intelligents, sobres et doués de toutes les qualités qui font les bons citoyens. Je lui disais que nos aieux étaient ainsi transférés, et je lui signalais le contraste entre le passé et le temps présent. Les délégués des mineurs étaient en train de discuter un contrat avec les propriétaires de la mine, sur un pied d'égalité absolue — les uns achetant, les autres vendant du Travail. Quand je lui demandai ce qu'il penserait si ses patrons voulaient le vendre avec la mine, il me répondit : « Eh ! je pense que nous serions deux à ce marché ». Il faut être Écossais, pour bien apprécier cette réponse, car l'accent, le clignement de l'œil et le hochement de tête y jouaient un grand rôle.

Le paiement en nature, en tout ou partie, et certaines obligations envers le patron, survécurent au servage. Mais, aujourd'hui, nous sommes arrivés à une égalité parfaite entre les deux parties contractantes. Chacun est libre de poser les conditions et de conclure les traités qui lui plaisent. Le Travail vaut son prix, et ce prix est payé en argent. Dans beaucoup de pays, la loi donne au Travail, en cas de dettes, la priorité sur l'actif du patron. L'irrésistible pression qui a amené changement sur changement, dans les relations entre le Capital et le Travail, continue son œuvre. Et c'est là une indication certaine que l'étape finale n'a pas encore été atteinte.

Un autre progrès fort important nous en fournit la preuve. Je veux parler de l'Echelle mobile, qui stipule, non un salaire fixe, mais le paiement d'après les résultats obtenus. Quand les commandes sont plus considérables, les gains du patron et les salaires des ouvriers le sont aussi. Avec ce système, les salaires des ouvriers montent et descendent, en même temps que les profits des patrons. Si on me demandait quel est le plus grand service que la « Carnegie Steel Company » ait rendu aux ouvriers, en dehors du travail qu'elle leur a fourni sans interruption à des prix égaux à n'importe quels autres, je répondrais que ce fut de faire adopter dans les ateliers de Braddock, il y a quatorze ans, l'Échelle mobile avec un minimum de gages assurant leur existence.

Ce système qui fonctionne aujourd'hui encore, a donné d'excellents résultats ; il a fait régner entre le Capital et le Travail une harmonie qui n'a jamais été troublée. L'échelle mobile réalise un grand progrès sur le salaire fixe. Non seulement elle procure au travailleur une part dans les bénéfices, plus prompte et plus sûre, mais elle élève sa situation morale. L'ouvrier qui a une part dans des bénéfices qui varient, au lieu de recevoir simplement un salaire fixe, est un peu propriétaire. Il s'est élevé. Il est plus homme, et plus il y a de l'homme dans l'ouvrier, plus il vaut.

La « Carnegie Steel Company » a fait de ses jeunes employés des associés et s'est toujours efforcée de récompenser les services exceptionnels. Elle appliqua le système des primes à un degré peut-être inconnu à toute autre organisation similaire. Mais elle ne put jamais appliquer à la masse des ouvriers cette forme d'association limitée, même quand il eut été à désirer que leurs économies fussent ainsi placées. L'objection qui toujours s'éleva dans notre esprit, et que nous ne pûmes jamais surmonter, en nous plaçant au point de vue de l'ouvrier, fut la triste et éloquente histoire de toutes les plus grandes usines, surtout celles de fer et d'acier.

C'est un fait instructif que la majorité des plus grandes fabriques des Etats-Unis ont été, à quelque époque de leur carrière, entre les mains des liquidateurs, hypothéquées, réorganisées ou vendues par l'officier civil, au grand préjudice de leurs premiers propriétaires. Celles qui ont échappé à des difficultés financières sont assurément l'exception. Plus d'une fois, dans le cours de l'histoire de la « Carnegie Company », des associés importants ont douté de son avenir, au point de demander à des aînés plus optimistes de racheter une large part de leurs intérêts, au prix coûtant. La grande « Cambria Iron Company » se trouva deux fois dans de graves difficultés financières, et, une fois, fut vendue par le sheriff. Les

usines de Joliet furent également vendues. La
« Bethlehem Company » a été hypothéquée
deux fois. Les obligations avec première hypothèque des immenses usines de Chicago ont
été vendues avec 70 0/0 de perte, et leurs
actions, moins de la moitié de leur valeur au
pair. La « Troy Iron and Steel Company » a
subi de graves pertes et a été réorganisée
plusieurs fois. Ces désastres appartiennent à un
passé éloigné, mais n'oublions pas que l'histoire
se répète. La « Pensylvania Steel Company » a
été récemment dans les mains des liquidateurs.
Ses actions qui, en 1881, trouvaient acheteurs
à 300 dollars, furent vendues en 93, au cours de
20 dollars. Dans aucune de ces sociétés, il n'y
avait eu de sur-capitalisation. On ne comptait
que l'argent versé. Même aujourd'hui nous
apprenons que la « Superior Iron Company »
se trouve dans l'embarras, après un placement
en capital espèces de 34.000.000 dollars
(7.000.000 L S). Ses actions de préférence qui
récemment se vendaient 80 dollars, sont
aujourd'hui, cotées à la Bourse, à 15 dollars 50
(3 livres 4 Sh). Les actions ordinaires, qui, l'an
dernier, valaient 36 dollars (7 livres 6 Sh), se
vendent aujourd'hui 4 dollars (1 livre 6 Sh).

On a annoncé que la plus ancienne et la plus importante de nos Sociétés de constructions navales allait être réorganisée, et que pour cela, sept millions et demi de dollars étaient nécessaires. Les actions, qui se sont vendues plus de 85 dollars se vendent maintenant 38 dollars. Les vicissitudes des principales usines de fer et d'acier du Tennessee et du Colorado sont encore présentes à l'esprit. Nos amis du Canada ont passé par les mêmes expériences. Les actions de leur grande « Dominion Iron Company » qui se vendaient 60 dollars, le mois dernier, sont cotées aujourd'hui 25 dollars.

Cette situation ne fut pas spéciale à l'Amérique. L'année dernière, les usines de fer et d'acier de l'Allemagne étaient pour la plupart dans une mauvaise situation, et leurs actions cotées très bas. A cette époque, je fus profondément impressionné par la lecture d'une liste de ces pertes. Si je me souviens bien, les actions de beaucoup de Sociétés tombèrent de moitié, et même de plus. Plusieurs importantes usines subissaient des difficultés financières. L'Angleterre connut une situation semblable. Beaucoup de maisons, après avoir oscillé, entre des saisons de pertes et de gains, durent, à diverses reprises, être reconstituées, ce qui entraîna de grandes pertes pour les actionnaires. L'incertitude des résultats n'est pas réservée au fer et à l'acier. Elle est inhérente aux affaires de tout genre.

Si les employés des principales lignes de chemins de fer américaines avaient consacré, l'année dernière, leurs économies à l'achat d'actions de ces compagnies, ils en auraient perdu près du quart. Les actions du « Pensylvania Railroad » ont baissé de 38 dollars, celles du « New-York Central » de 40 dollars, celles du « Chicago, Milwaukee et Saint-Paul » de 41 dollars, celles de l'« Illinois Central » de 42 dollars. On dira que ces pertes peuvent être rattrapées. C'est vrai, mais elles peuvent aussi être doublées. Nul ne connaît l'avenir.

C'est ce danger de perte que court toujours l'ouvrier désireux de placer son argent, qui rend les Caisses d'Epargne du gouvernement, en Angleterre, si utiles, bien qu'elles ne donnent qu'un intérêt de 2 1/2 pour cent. La sécurité du capital est complète, et c'est là le point capital.

On dit que sur cent personnes qui se lancent dans les affaires, 95 échouent. Cela paraît incroyable, mais il suffit de se rappeler le nombre des personnes de notre_connaissance qui ont essayé ét n'ont pas réussi, pour se rendre compte que la proportion des échecs est assurément très grande.

La route du fer et de l'acier, dans tous les pays du monde, est semée de désastres financiers et les affaires sous n'importe quelle forme courent de grands risques. Rarement une semaine se passe, sans qu'on apprenne quelque difficulté ou quelque faillite, dans le monde industriel. Il en a toujours été et il continuera à en être ainsi, tant que la nature humaine ne changera pas.

En raison de cette situation, nous écartâmes toujours comme dangereuse pour l'ouvrier, l'idée de lui faire risquer ses précieuses économies dans l'industrie ou dans n'importe quelle autre affaire. Nous lui donnions le conseil d'acheter une maison et de faire ainsi l'économie de son loyer. A tous les ouvriers qui étaient sans dettes et qui désiraient construire une maison, nous prêtions l'argent nécessaire. Leurs économies, jusqu'à concurrence de 2.000 dollars par tête, étaient reçues par la Société, et servaient à constituer

un fonds spécial de toute sécurité, entièrement en dehors des affaires. A cet argent, on
allouait un intérêt de 6 0/0, dans le but d'engager l'ouvrier à économiser une partie de ses
gains pour ses vieux jours. Les sommes qui
nous étaient ainsi confiées, étaient placées
en hypothèques sur immeubles, et souvent
prêtées aux ouvriers qui désiraient bâtir une
maison. Nous pensons que c'est là l'emploi
le plus sûr et le plus sage que les ouvriers
puissent faire de leurs économies.

La « United States Steel Corporation », la
plus considérable de toutes les sociétés industrielles, est celle qui a fait le plus pour procurer aux ouvriers une rémunération basée
sur les profits, dans les conditions les plus propres à placer le Capital et le Travail, dans une
dépendance mutuelle et amicale.

Pour cela, elle mérite d'être louée sans
réserve. Elle a prouvé qu'elle avait le souci
des intérêts de ses ouvriers et qu'elle entendait
les siens.

J'attire toute votre attention sur ce progrès,
car il pourrait bien être de la plus grande importance et marquer une époque dans l'histoire des relations du Capital et du Travail. On

peut même considérer qu'il a fourni une base solide pour la solution de la plupart des différends fâcheux qui se sont élevés entre ces deux éléments.

Voici comment : 25.000 actions de préférence, à 100 dollars (7 0/0) furent offertes aux 168.000 ouvriers, au taux de 82 dollars 50 pour cent, en quantités proportionnées à leurs salaires. Elles furent souscrites deux fois ; près du sixième des hommes dont la moitié étaient des salariés souscrivirent. Plus tard, on mit encore à leur disposition, vingt mille autres actions. Cela faisait en tout 45.000 actions, valant environ 4.500.000 dollars (900.000 L S). Elles pouvaient être payées au moyen de versements mensuels. Une seconde répartition est projetée pour l'année prochaine.

Je dois citer un autre fait important et digne d'éloges. Ceux qui possèdent leurs parts depuis cinq ans et sont toujours en activité de service, reçoivent une prime annuelle de 5 dollars sur chaque part. Une autre prime dont le montant n'est pas fixé est dès aujourd'hui promise, pour une seconde période de cinq ans. Le troisième fait, également digne d'éloges, c'est la décision de prélever chaque année 1 0/0, sur les salaires, dans le cas où ils excèderaient 80.000.000 dollars (soit 16.000.000 L S), et un additionnel cinquième de un pour cent, sur chaque 10.000.000 dollars (2.000.000 L S).

Ces sommes serviront à constituer un capital qu'on distribuera aux chefs et aux hommes qui auront mérité une récompense spéciale. Un comité financier en décidera. C'est là une récompense accordée au mérite et non au *prorata*. Tel est l'ensemble de ce progrès qui sera l'honneur de notre époque. Il n'est possible que dans des Sociétés par actions, ayant des parts de valeur minime qui les rendent faciles à répartir entre des milliers d'ouvriers.

Il est à noter que ce placement fait courir des risques aux hommes. C'est là un défaut que la Société ne manquera pas de corriger quand elle aura acquis de l'expérience, car très sagement, elle a spécifié que l'arrangement pourrait être modifié. Dans la plupart des Etats de l'Union, les gains du Travail, — à coup sûr les plus précieux de tous les capitaux — ont des droits de priorité sur l'actif, et, je crois, que c'est le seul sage système à suivre. « Chaque ouvrier actionnaire. » Cela serait la fin des conflits si attristants entre le Capital et le Travail.

Pour arriver à ce résultat, toutes les Sociétés pourraient fort bien offrir de distribuer à leurs ouvriers économes, une partie de leurs actions, et, en cas de désastre, donner la préférence au remboursement de ce capital, comme s'il était une première hypothèque. On pourrait facilement obtenir une législation, avec les sauvegardes nécessaires, autorisant les sociétés à donner aux économies de leurs employés, jusqu'à concurrence d'une certaine somme pour chacun, un titre de préférence, passant avant l'hypothèque, les dettes ordinaires ou les titres des actionnaires. On assimilerait ces actions aux gages des ouvriers ou aux lois du « Homestead », actuellement en vigueur dans la plupart, sinon dans tous les Etats.

Il semble que cela soit dû à l'ouvrier qui ignore les affaires, achète ses actions de confiance, et devient l'obligé ou la victime de ses patrons. On devrait le considérer comme un enfant sans expérience des affaires. De plus, si on lui demande de placer son argent, ce n'est pas seulement pour son propre avantage, mais au moins autant pour celui de son patron. Celui qui le conseille n'est pas désintéressé, et, par suite ne peut être affranchi de responsabilité. Cette situation amènera, j'en suis sûr, les propriétaires de l' « United States Steel Corporation », à prendre des précautions afin que ceux de leurs ouvriers qui ont confiance en eux ne puissent perdre leur argent, pour avoir suivi des conseils visant l'avantage de la Société aussi bien que celui des ouvriers. La responsabilité de la Société n'est pas minime puisque sa circulaire affirme aux ouvriers « qu'on leur offre pour leurs économies un placement plus sûr et plus avantageux que tout autre qu'ils pourraient trouver ailleurs ». Il serait infinimement préférable qu'une sanction légale fût donnée à cette prétention.

Il faut tenir compte de l'influence que peuvent exercer sur tout ouvrier prudent des soucis relatifs à la sécurité de l'argent qui sans doute constitue la seule réserve de ses vieux jours. Chaque matin, il consultera les cotes de la Bourse, car l'ouvrier américain lit les journaux. Tout récemment, il aurait pu voir les actions de

préférence de l' « United States Company »
cotée à un prix plus bas que celui auquel on
les lui a fait payer. Cela a peu d'importance
pour l'homme d'affaires habitué à la hausse et
à la baisse des cotes de la Bourse. Mais quel
doit être l'effet sur l'ouvrier ignorant ? Je suis
très affirmatif sur ce point : « L'ouvrier dont les
pensées sont concentrées sur les surprises de
la spéculation à la Bourse n'est pas un bon ouvrier. La spéculation est le parasite des affaires, elle vit des valeurs, elle n'en crée aucune.
Elle est absolument incompatible avec un travail régulier qui nécessite du soin et de l'attention. Les placements de l'ouvrier ne doivent jamais courir aucun risque, car si ses
pensées sont à la Bourse, elles ne peuvent
être aux machines. Or, les machines ainsi
que les arts ne supportent aucune rivalité.
Elles réclament toute l'attention de ceux qui
en sont chargés. »

Nous constatons ainsi que le monde s'avance
pas à pas, vers des conditions meilleures. De
même que le monde industriel s'est amélioré, de même le monde du Travail s'est
élevé de l'esclavage à l'indépendance absolue
des travailleurs. L'ouvrier commence au-

jourd'hui à prendre la place qui lui revient, — place de capitaliste et d'associé du patron.

Il nous est permis d'espérer la venue d'un jour où l'ouvrier sera toujours un associé avec capital. L'homme d'affaires apportera à la Société son expérience, l'ouvrier son habileté manuelle. Tous deux seront propriétaires d'actions, également intéressés au succès de leurs efforts réunis, indispensables l'un à l'autre. Sans cette collaboration, il n'y aura pas de succès possible. C'est là une magnifique perspective qu'il nous est déjà permis d'entrevoir.

Peut-être trouvera-t-on que j'ai trop de confiance dans un système qui demandera du temps pour se réaliser. Mais mon expérience m'a enseigné que les grandes « combinaisons », et même une Société anonyme de proportions modérées, n'a aucune chance de succès contre une association qui comprend les principaux chefs, et qui a adopté dans toutes ses usines le système de payement par primes. De façon générale, on peut être certain, que cette dernière gagnera de beaux dividendes, en temps de dépression, tandis que l'autre, administrée selon l'ancien système, perdra de l'argent et peut-être tombera dans des embarras financiers.

Quand je parle de Sociétés anonymes, il ne faut pas oublier que beaucoup ne le sont que de nom. Quelques actionnaires leur ont consacré le travail de toute leur vie. Ces Sociétés là peuvent être placées sur le même rang que les Sociétés en commandite, car elles en ont tous les avantages. La véritable Société anonyme est celle dont les actions sont sur le marché, dont les propriétaires changent continuellement et sont souvent inconnus du directeur lui-même — dont les ouvriers sont de pures abstractions... Il est impossible d'infuser à ces ouvriers les sentiments si puissants d'estime personnelle et de fidélité. Par suite, la décision prise par l' « United States Steel Corporation » ne me cause aucune surprise, car j'ai toujours pensé que des Sociétés anonymes de ce genre seraient obligées de remplacer, comme elles pourraient, les relations personnelles de l'ancien système, ou bien qu'il leur en cuirait.

Dans le tant pour cent accordé aux employés de valeur exceptionnelle, nos gigantesques Sociétés par actions ont peut-être le meilleur moyen de remplacer le pouvoir magique de l'association — dont, à la vérité, rien ne peut approcher... L'idée de faire de chaque ouvrier un capitaliste, et de partager une part importante des profits entre les hommes qui ont rendu d'exceptionnels services, rencontrera probablement l'opposition des extrêmes des deux côtés, du révolutionnaire violent, ennemi du capitaliste, et du patron à l'esprit étroit et avide, qui croit que le travail s'achète comme les matières premières, qu'il suffit de payer le prix convenu et que tout finit là. Mais je crois que cette opposition sera de peu d'importance. C'est même une excellente chose pour la nouvelle idée qu'elle soit combattue par les gens à opinions extrêmes et défendue par la masse des hommes qui ne se tiennent à aucune extrémité dangereuse, mais au milieu, là où généralement se trouve la sagesse.

En attendant cette époque, j'ai exposé un système dont on peut espérer beaucoup, que je propose comme une solution à l'un des problèmes les plus pressants de notre époque, et qui est susceptible de perfectionnements. Je suis bien certain que le problème sera résolu, et

qu'un jour viendra où les deux éléments,
Capital et Travail, vivront dans une amicale
coopération.

———

(Pour ceux que la question intéresse de
façon spéciale, je donne ci-dessous le système
de participation aux bénéfices employés par
l' « United States Steel Corporation »).

Ce système a pour but d'amener les ouvriers
à devenir propriétaires permanents des obligations de la Société anonyme.

Sur les gains de la Société, en 1902, on
devait mettre de côté, au moins 2.000.000
dollars et, plus, si cela était nécessaire,
pour l'achat d'au moins 25.000 obligations
destinées à être offertes, dans les conditions
suivantes, à tous les employés de la « Steel
Corporation » et des Sociétés subsidiaires :

A la date de ce jour, la Société et les Sociétés subsidiaires ont à leur service environ
168.000 employés que l'on propose de diviser
en six catégories comme suit :

Classe A, comprenant tous ceux qui reçoivent des salaires annuels de 20.000 dollars et
au-dessus.

Classe B, comprenant tous ceux qui reçoivent des salaires annuels de 10.000 à 20.000 dollars.

Classe C, comprenant tous ceux qui reçoivent des salaires annuels de 5.000 à 10.000 dollars.

Classe D, comprenant tous ceux qui reçoivent des salaires annuels de 2.500 à 5.000 dollars.

Classe E, comprenant tous ceux qui reçoivent des salaires annuels de 8.000 à 5000 dollars.

Classe F, comprenant tous ceux qui reçoivent des salaires annuels de 800 dollars et moins.

Durant le mois de janvier, le capital mentionné ci-dessus fut offert à tous les employés de la Société et des Sociétés subsidiaires, au prix uniforme de 82 dollars 50 par titre.

Chaque ouvrier peut souscrire la quantité d'actions qu'il veut, sans excéder la somme représentée par un certain tant pour cent de son salaire annuel, comme il est indiqué, dans le tableau suivant :

Tout homme qui appartient à la Classe A, comme il est indiqué dans la classification ci-dessus, pourra souscrire des actions pour une somme n'excédant pas 5 pour cent de son salaire annuel.

Classe B, 8 pour cent.

Classe C, 10 pour cent.

Classe D, 12 pour cent.

Classe E, 15 pour cent.

Classe F, 20 pour cent.

Si plus de 25.000 actions étaient souscrites dans les conditions prescrites, 25.000 seraient d'abord allouées aux souscripteurs respectifs dans l'ordre des classes, en commençant par la plus basse, c'est-à-dire la classe F. Les classes supérieures recevraient des actions seulement dans le cas où la classe inférieure en laisserait. S'il ne restait pas assez d'actions pour satisfaire tous les souscripteurs de cette classe, ils en recevraient un certain nombre au prorata. En tout cas, chaque souscripteur recevra au moins une action entière, même si cela obligeait le comité financier à acheter plus de 25.000 actions.

Ces achats peuvent être effectués, au moyen de payements mensuels, prélevés sur les salaires ou gages des souscripteurs. Ces payements sont fixés par les souscripteurs, mais ils ne doivent pas dépasser 25 0/0 du salaire ou des gages de n'importe lequel.

Un employé peut prendre pour payer ses actions tout le temps dont il a besoin, sans dépasser 3 ans.

Il commence à toucher des dividendes le jour où il commence à verser des acomptes sur sa souscription.

Un intérêt de 5 0/0 sera prélevé sur les versements en retard.

Dans le cas où un homme cesserait ses versements, avant que les actions eussent été entièrement payées, il peut retirer l'argent qu'il a payé en acompte sur le principal, et il peut conserver la différence, entre l'intérêt de 5 0/0 qu'il a payé et le dividende de 7 0/0 qu'il a reçu sur ses actions. Bien entendu sa souscription s'arrête et il cesse de toucher ses intérêts sur les actions souscrites.

Aussitôt que les titres auront été complètement libérés, ils seront délivrés au nom du souscripteur originaire, le certificat lui sera remis, et par suite, il pourra le vendre quand il voudra. Mais pour l'engager à le conserver et à rester toujours au service de la Société, ou bien de l'une ou de l'autre des sociétés subsidiaires, et pour qu'il ait dans l'affaire le même intérêt qu'un actionnaire, ou un associé actif, on fait à chaque homme l'offre suivante :

S'il veut ne pas vendre ou ne pas se séparer de ses titres, et si, en janvier de chaque année, pendant cinq ans, à dater de janvier 1904, il montre le certificat au caissier de la Société, en même temps qu'une lettre d'un de ses chefs, déclarant qu'il a été continuellement au service de la Société, ou de toute autre Société subsidiaire, durant l'année précédente, et qu'il a prouvé qu'il avait à cœur sa prospérité et ses progrès, il recevra, durant chacune de ces cinq années, des chèques au taux de 5. dollars par action et par an.

Par exemple : si un homme a acheté une action en janvier 1903, il aura à payer pour elle 82 dollars 50. Si après l'avoir payée, il la garde pendant 5 ans, il recevra chaque année les dividendes au taux de 7 0/0, sur la valeur au pair des actions, et il recevra également, chaque année, un dividende supplémentaire, disons de 5 dollars, cette dernière somme étant une récompense spéciale pour avoir rendu des services fidèles et continus à la Société ou à l'une des Sociétés subsidiaires. Il fournit la preuve de ces services au moyen de son certificat et d'une lettre du chef compétent, montrant qu'il a travaillé avec dévouement pour la Société dont il est ainsi devenu, de fait, l'associé.

S'il reste au service de la Société ou d'une Société subsidiaire, pendant cinq ans, à la fin de la cinquième année, la Société a l'intention de lui attribuer un nouveau dividende, qu'elle ne peut déterminer ni évaluer maintenant, mais qui sera tiré de la source suivante :

Tous ceux qui ont souscrit en janvier 1903, et ont commencé leurs versements, mais qui les cessent à n'importe quelle époque, durant les cinq ans, ne recevront pas, bien entendu, les cinq dollars par action pour celles des cinq années qui restent, après qu'ils ont cessé. Au capital formé par ces sommes, on allouera un intérêt annuel de 5 0/0, et à la fin de la période de cinq ans, le total ainsi amassé sera partagé en autant de parts qu'il y aura d'actions entre les mains des hommes qui seront restés au service de la Société, pendant ces cinq ans. La Société, de la sorte, accordera de son propre mouvement, à chaque homme qu'elle en jugera digne, autant de parts de ce capital accumulé qu'il y aura, entre les mains

des hommmes, d'actions acquises en vertu de
ce système.

Il est stipulé que si un souscripteur mourait
ou devenait infirme pendant qu'il est au service de la Société, ou de l'une ou de l'autre
des Sociétés subsidiaires, durant cette période
de cinq ans, les sommes versées par lui pour
les actions qu'il a achetées, ou s'il les a entièrement payées, le certificat des actions, pourront
être transférés par la Société, à son actif ou à
lui-même, avec une somme égale à 5 dollars
par action pour les cinq années non encore
expirées.

Si ce système est accueilli favorablement, on
se propose de faire, à la fin de cette année,
une offre semblable, avec cette différence, bien
entendu, que le prix auquel les actions seront
offertes ne peut être garanti dès maintenant.
Néanmoins, on a l'intention de l'offrir, à peu
près au-prix du marché d'aujourd'hui, et, pour
tout le reste, de s'en tenir aux conditions offertes actuellement.

Si un homme adoptait ce système de façon
continue, il lui serait possible d'acheter, chaque année, une ou plusieurs actions, en vertu
d'un contrat avec la Société qui lui offrirait,

pour ses économies, un placement plus sûr et plus avantageux que tous ceux qu'il lui serait possible de trouver ailleurs.

TABLE DES MATIÈRES

AUXERRE-PARIS. — IMPRIMERIE A. LANIER

9 782014 455809